Psicología

150 conceptos clave

¿Qué diferencia hay?

Librero

terapia y teoría

psicología social

neuropsicología

introducción

Este libro, que es parte de una nueva serie, está concebido como manual de iniciación a la psicología e intenta dar respuesta a la pregunta «Qué diferencia hay...?» empleando un enfoque del todo novedoso. En el libro, encontrará explicaciones muy precisas de 150 conceptos agrupados por parejas que conforman un exhaustivo manual básico de psicología muy didáctico. Constituye una obra de referencia ideal para quienes quieran saber más acerca de los conceptos más importantes, raros y maravillosos de la psicología, agrupados por parejas para evitar los típicos errores conceptuales.

Qué diferencia hay: psicología aborda 150 grandes temas de la psicología. Se trata de cuestiones que posiblemente le suenan, pero quizás no acaba de entender, como el trastorno del espectro autista (TEA), el trastorno por déficit de atención e hiperactividad (TDAH) o el pensamiento lento y rápido. También incluye figuras clave como Sigmund Freud y Carl Jung. A todos nos resultan familiares estos términos y estos nombres, pero, al analizar dos definiciones simultáneamente, se llega al quid de la cuestión de manera rápida y concisa, lo que permite evitar los típicos errores conceptuales. Por tanto, si confunde el estrés con el síndrome de desgaste profesional o el ello con el yo, este libro es para usted. Léalo de principio a fin o vaya directamente a los conceptos que despierten su interés.

El libro se divide en seis capítulos. El primero sienta las bases del resto a partir de algunos de los términos más importantes que se usan en psicología, como conducta y cognición, condicionamiento clásico y condicionamiento operante, o psicología del deporte y mentalidad de crecimiento. Si tiene más curiosidad por las emociones y la salud mental, consulte el tercer capítulo y enfrásquese en la resiliencia y el neuroticismo, la envidia y los celos. En el capítulo «Pensamiento, memoria y percepción», descubrirá fenómenos fascinantes como el daltonismo y la sinestesia, la memoria y el olvido.

En «Terapia y teoría», veremos cómo encaja el estudio de la psicología en la práctica terapéutica. Tendrá la oportunidad de comparar y contrastar la terapia psicodinámica con la terapia cognitivo conductual y la familiar con la de pareja. Todo esto resulta útil hoy día debido a la gran variedad de ideas terapéuticas que existen. «Psicología social» se aleja de lo individual y se centra en la sociedad para descubrir investigaciones, experimentos e ideas increíbles respecto a los prejuicios, la teoría del contacto y el efecto espectador, y las distinciones y el solapamiento entre amor y atracción, obediencia y conformidad, inteligencia emocional y teoría de la mente.

¡Hola, cerebro! Nuestro centro de operaciones. El último capítulo del libro está dedicado a la neuropsicología: ¿cuál es la verdadera diferencia entre la mente y el cerebro, el consciente y el inconsciente, o el sistema límbico y el córtex? Y, ¿cómo identificamos enfermedades cerebrales como el alzhéimer y el párkinson?

Tenemos mucha suerte de tener todos estos conocimientos a nuestro alcance, para que podamos comprendernos a nosotros mismos y a nuestro entorno. Con este libro, entenderá mejor por qué pensamos, sentimos y nos comportamos como lo hacemos. Así que, si quiere saber la diferencia entre naturaleza y crianza o esquizofrenia y psicosis, siga leyendo.

cómo usar este libro

Cada doble página está diseñada para que los conceptos resulten claros y fáciles de entender. El texto principal explica cada término desde la idea básica hasta el concepto matizado.

Sigmund Freud

Sigmund Freud (1856-1939) revolucionó nuestra manera de entender la mente. A él se debe la invención de «la cura por la palabra», es decir, el psicoanálisis. Por primera vez en la historia de la medicina occidental, se escuchaba a los enfermos mentales.

El psicoanálisis fue el peculiar método de Freud para tratar las «enfermedades» mentales. Consideraba que los problemas mentales se originaban a partir de los conflictos de la psique. Escuchando a sus pacientes, postuló teorías de la mente trabajadora y creó conceptos como el inconsciente y los mecanismos de defensa psíquicos.

Había (y hay) muchos detractores que pensaban que el propio Freud había perdido el norte y que su planteamiento era perjudicial. Tomemos como ejemplo uno de sus casos más conocidos: el del pequeño Hans, que tenía fobia a los caballos. Freud aplicó su propio concepto de complejo de Edipo (un anhelo sexual inconsciente por el progenitor del sexo contrario) para explicar esta fobia. Según la teoría de Freud, Hans había trasladado a los caballos sus miedos y la rivalidad con su padre. Gracias al psicoanálisis, se curó. Saque sus propias conclusiones. Hoy día, la terapia cognitivo conductual, y no el psicoanálisis, es el tratamiento habitual para la mayoría de las fobias.

Las teorías de Freud han generado mucha polémica, en concreto por el gran «encubrimiento freudiano». Cuando formulaba los principios de la sexualidad infantil, Freud escuchó historias de abusos sexuales reales, pero la idea de que hubiera adultos que abusaran de niños fue tan impactante en la época que cambió lo que escuchó para postular la teoría de la sexualidad infantil y el complejo de Edipo.

1 En pocas palabras
El creador del psicoanálisis. Recibió formación como médico y, posteriormente, desarrolló su interés por la cura por la palabra como forma de curación de trastornos psicológicos.

2 Por qué es importante
Las ideas de Freud han ejercido una gran influencia en nuestra comprensión de la conducta humana y en el pensamiento contemporáneo sobre el arte, la literatura y la política.

3 Personajes clave
Anna Freud, 1895-1982
Melanie Klein, 1882-1960

4 Conceptos relacionados
el ello/el yo, pp. 10-111
envidia, p. 82
terapia psicodinámica, p. 104
inconsciente, p. 147

Soy el padre del psicoanálisis.

Carl Jung

A partir de 1900 aproximadamente, Carl Jung (1875-1961) empezó a trabajar estrechamente con Freud, a quien al parecer admiraba. Jung se convirtió en un miembro importante del movimiento psicoanalítico de aquel entonces y contribuyó a la expansión de las ideas psicoanalíticas.

Sin embargo, alrededor de 1913, tuvo muchos desacuerdos teóricos con Freud, lo que llevó a una división entre ellos. En este punto, Jung fundó una escuela propia llamada «psicología analítica», similar en nombre a la escuela «psicoanalítica» de Freud, pero muy diferente.

Jung, un psiquiatra que también ejerció de psicoanalista, era mucho más espiritual que Freud. Estaba convencido de que la psique era mucho más que el ello, el yo y el superyó, y desarrolló la noción del inconsciente colectivo, una capa de conciencia compartida por todos los seres humanos. El inconsciente colectivo son los mitos, los arquetipos y los temas universales que evocan emociones comunes en todos nosotros. Ejemplos de arquetipos son el héroe, la madre, el ánima (el elemento femenino de la psique masculina) y el ánimus (el aspecto masculino de la psique femenina). Jung sugiere que los arquetipos nos brindan un lenguaje simbólico o metafórico más vasto, permitiéndonos considerar a las personas en sus contextos más amplios. También inventó las nociones de los tipos de personalidad extravertida e introvertida, que hoy son de uso común.

A pesar de las críticas habituales dirigidas contra el trabajo psicoanalítico (ausencia de investigación empírica, eurocentrismo y falta de validez científica), el trabajo de Jung influye en la psicología y las terapias creativas convencionales.

En pocas palabras
Jung fue discípulo de Freud, pero se apartó de él para desarrollar de su propia rama de psicología analítica. Creó la idea del inconsciente colectivo y los tipos de personalidad.

Por qué es importante
El trabajo de Jung ha sido influyente para la psicología, la psiquiatría y el estudio de la religión, la literatura y las artes.

Personajes clave
Adolf Bastian, 1826-1903
Rowland Hazard III, 1881-1945
Andrew Samuels, n. 1949

Conceptos relacionados
neuroticismo, p. 71
terapia psicodinámica, p. 104
introversión/ extraversión, pp. 120-121

El inconsciente colectivo es el quid de la cuestión...

1 **En pocas palabras** resume cada concepto en una sola frase.

2 **Por qué es importante** explica la relación del concepto con nuestra vida diaria.

3 **Personajes clave** cita a personajes famosos que han debatido sobre el concepto.

4 **Conceptos relacionados** ayuda a navegar por el resto del libro.

5 Las ilustraciones ayudan a aclarar conceptos difíciles de entender.

conducta

Todos sabemos lo que es la conducta, ¿verdad? Sin embargo, es un concepto más complejo de lo que parece. Hoy día, los psicólogos consideran que la conducta humana es la interacción entre la mente *interna* y el entorno físico *externo*. La estudian desde hace años para tratar de comprender, e incluso predecir, cómo nos comportamos en distintas situaciones.

Algunos psicólogos de renombre, como John Watson, Burrhus Frederik (B. F.) Skinner e Ivan Pavlov, teorizaron que la conducta es simplemente una reacción ante un evento o un estímulo concretos. Ni más, ni menos. Skinner analizó la conducta y las recompensas en ratas. En la «caja de Skinner», estos animales accionaban una palanca con más frecuencia cuando liberaba comida. Parece obvio, ¿no? Y, por supuesto, también se aplica a los humanos. El gratificante subidón de azúcar y la deliciosa sensación al paladar de un buen postre de chocolate casi siempre nos hace volver a por más.

Actualmente, los psicólogos conductuales investigan patrones de conducta del consumidor, por ejemplo, cómo nos comportamos en un supermercado, para que compremos más. Los psicólogos de la salud también analizan nuestra conducta y desarrollan trucos para que hagamos más ejercicio, por ejemplo. Piense en la aplicación para correr *Couch to 5k*, que aumenta la resistencia mediante las recompensas diarias y una voz motivadora. ¡Todo eso es psicología! Con el rápido desarrollo de los comportamientos *online* y las tecnologías de la IA, la informática conductual es un área de estudio que no para de crecer. Los psicólogos intentan seguir el ritmo del aumento exponencial de los datos sobre nuestros comportamientos.

En pocas palabras
La conducta es la manera que tenemos de actuar en distintas situaciones.

Por qué es importante
La comprensión y la predicción de cómo interactúan las personas entre ellas y con su entorno puede agilizar el aprendizaje y facilitar la vida.

Figuras clave
James Clear, n. 1986
Ivan Pavlov. 1849–1936
B. F. Skinner, 1904–1990
Edward Thorndike, 1874–1949

Conceptos relacionados
condicionamiento clásico/operante, pp. 22–23
sesgo de confirmación, p. 48
naturaleza/crianza, pp. 116–117

Estoy comprando.

cognición

El término «cognición» procede del latín *cognoscere*, que significa «saber» o «aprender», un concepto que engloba todos los aspectos de nuestro pensamiento y conocimiento. La psicología cognitiva estudia cómo piensan, aprenden y procesan la información las personas.

Teniendo en cuenta todo lo que pueden hacer los seres humanos, incluso al nivel más sencillo, se trata de un tema bastante vasto. Cuando pensamos, se ponen muchas cosas en marcha, tanto si somos conscientes de ello como si no. Piénselo. Prestamos atención, puesto que nos fijamos en algo que nos resulta interesante o importante y, al mismo tiempo, ignoramos cosas que nos parecen irrelevantes. Utilizamos la memoria, como cuando montamos en bicicleta sin esfuerzo o cuando hablamos. Otra parte importante de la cognición es el lenguaje, tanto su aprendizaje como su formación. La cognición también comprende el funcionamiento de la percepción (cómo vemos los colores, por ejemplo) y la forma en que nuestro cerebro procesa esos datos. A todo esto hay que añadir el concepto de metacognición, que significa pensar sobre el pensamiento.

Siguiendo la tendencia hacia el conductismo, los psicólogos se dieron cuenta de que el ser humano es más que puro estímulo y respuesta. Los recuerdos, pensamientos y sentimientos también deben influir en nuestro comportamiento. Hoy día, la tecnología moderna como el electroencefalograma y las imágenes por resonancia magnética funcional hacen que resulte más fácil que nunca estudiar los procesos cognitivos, y los científicos están generando modelos de inteligencia artificial a partir de nuestros propios procesos cognitivos.

En pocas palabras
Se refiere a la acción cerebral, el pensamiento y la adquisición de conocimiento a través de la experiencia. La psicología cognitiva estudia estos procesos mentales.

Por qué es importante
Somos seres humanos que piensan y sienten. La comprensión de la cognición y su funcionamiento es esencial si queremos vivir mejor. Asimismo, la cognición puede mejorar la tecnología.

Figuras clave
Albert Bandura, 1925–2021
Noam Chomsky, n. 1928
Daniel Kahneman, 1934–2024
Lawrence Kohlberg, 1927–1987

Conceptos relacionados
sesgo de confirmación, p. 48
terapia cognitivo conductual, p. 105
depresión, p. 89

Estoy pensando en la compra.

consultor psicológico

Un consultor psicológico es alguien que ha recibido formación para ofrecer orientación y apoyo emocional a personas que se enfrentan a dificultades en sus vidas, como la muerte de un ser querido, conflictos laborales o problemas de pareja, entre muchas otras.

La consultoría engloba muchas especialidades, como el asesoramiento para parejas, para la ansiedad o la depresión, y para niños y jóvenes. Hay consultores que son licenciados en una materia afín, como psicología o trabajo social, pero muchos otros, no. Sin embargo, todos tienen entre uno y cuatro años de formación específica en consultoría, en los que aprenden a prestar mucha atención a lo que dicen (y hacen) exactamente los clientes. Esto les permite ayudarlos a crecer emocionalmente y a encontrar sus propios mecanismos para afrontar la vida. Los consultores se precian de saber escuchar.

Una de las figuras clave de la consultoría psicológica fue Carl Rogers, que, en la década de 1950, creó el concepto de la terapia centrada en la persona. En este planteamiento, es fundamental la idea de la consideración positiva incondicional, que describe la aceptación total por parte de un consultor de todos los aspectos de la forma de ser de su cliente. Rogers y sus seguidores creían que las personas que no tienen esta aceptación positiva, pura y sin adulterar en sus vidas tienen creencias negativas sobre sí mismas. A través de la consideración positiva incondicional, el consultor prestará atención a la comunicación verbal y no verbal que su cliente exprese en una sesión. Esto ayuda a las personas a abrir una ventana de comprensión y a gestionar mejor su situación.

En pocas palabras
Los consultores han recibido formación para escuchar atentamente a las personas que sufren dolor emocional.

Por qué es importante
A tenor de la influencia cada vez menor de la religión y la adopción de una vida más individualista, la consultoría psicológica se está generalizando, sobre todo en Occidente.

Figuras clave
Sigmund Freud, 1856–1939
Abraham Maslow, 1908–1970
Susie Orbach, n. 1946
Carl Rogers, 1902–1987

Conceptos relacionados

psicólogo clínico

Puede resultar algo confuso para las personas ajenas a estas profesiones, porque los psicólogos clínicos, los psiquiatras (véase p. 103) y los consultores psicológicos trabajan en el mismo campo, pero su formación y los tratamientos que ofrecen difieren sustancialmente. Los psiquiatras son médicos de formación y ayudan con medicación a los pacientes que padecen dificultades. En cambio, los psicólogos clínicos no tienen formación en medicina y solo trabajan con los elementos conductuales y psicológicos de dichas dificultades.

En general, los consultores ayudan a superar los problemas cotidianos. Por su parte, los psicólogos clínicos se ocupan de casos más complejos y cuestiones psicológicas más graves. Cuentan con unos de siete años de formación y, a diferencia de los consultores, son licenciados en psicología y doctorados en psicología clínica.

Los psicólogos clínicos se precian de ser profesionales científicos. Esto significa que aplican los últimos hallazgos de las investigaciones para ofrecer las intervenciones más efectivas. Muchos de estos psicólogos también realizan sus propias investigaciones de manera individual o colectiva. Trabajan en entornos muy diversos, como hospitales, consultorios médicos, e instituciones psiquiátricas y académicas.

Tras llevar a cabo una evaluación detallada, a veces el psicólogo clínico ofrece una serie de intervenciones psicoeducativas, como técnicas de relajación o tareas de cambio de conducta. Esto suele ir unido a la psicoterapia. Asimismo, puede intervenir a nivel sistémico con la redacción de informes que amparen solicitudes escolares, laborales o habitacionales.

En pocas palabras
Profesional científico que aplica las investigaciones basadas en la práctica para fundamentar su trabajo.

Por qué es importante
Es clave saber lo que hacen los psicólogos clínicos para averiguar si son el tipo de psicoterapeuta adecuado para un problema en concreto.

Personajes clave
Albert Bandura, 1925–2021
Aaron Beck, 1921–2021
Marsha Linehan, n. 1943
Martin Seligman, n. 1942

Conceptos relacionados
hábito/adicción, pp. 86–87
terapia cognitivo conductual, p. 105

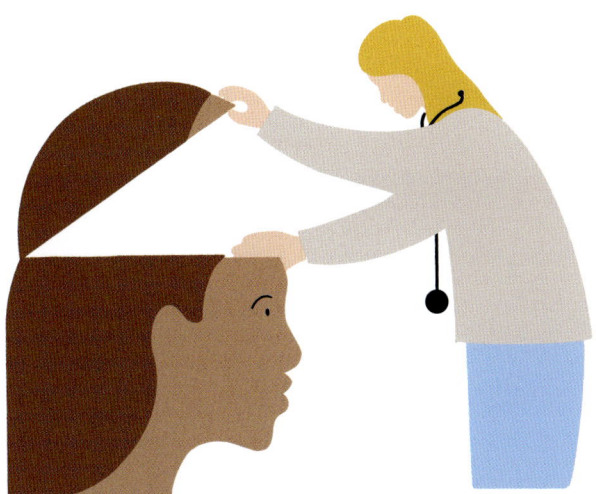

el ello

El ello no existe físicamente, no puede verse en un escáner cerebral. Se trata de un concepto desarrollado por el neurólogo austriaco Sigmund Freud a finales del siglo XIX. A través de la escucha de los pacientes y su propio autoanálisis, Freud inventó la teoría psicoanalítica y el modelo «estructural» de la mente humana, según el cual la mente tiene tres componentes principales: el ello, el yo y el superyó.

Segú Freud, el ello es la parte de la mente que quiere algo AHORA. Busca una gratificación inmediata, sin inhibiciones. Es la estructura psíquica más primitiva y primordial de la mente, actúa inconscientemente y la mueven impulsos que son innatos en nosotros como animales humanos.

El principio del placer (la necesidad instintiva de evitar el dolor y encontrar placer) funciona a través del ello, que, básicamente, anhela el placer a toda costa. En los adultos, cuando el ello no se satisface, se producen consecuencias negativas. Un ejemplo sería el malhumor que se experimenta al tener hambre, cuando nuestros instintos primitivos nos llevan a comportarnos mal y a estar irritables. La agresividad al volante es otro ejemplo del ello cuando se manifiesta en términos de agresión impulsiva.

La teoría de Freud sobre las estructuras psíquicas suele criticarse por ser demasiado descabellada e improbable, pero puede resultar útil como método de observación de las mentes y las conductas.

En pocas palabras
Parte del modelo estructural de la mente humana de Sigmund Freud, el ello busca maximizar el placer y minimizar el malestar.

Por qué es importante
¿Qué nos motiva y por qué reaccionamos de cierta manera ante determinadas situaciones? La noción freudiana del ello nos ayuda a explicar los conductas primitivas.

Personajes clave
Anna Freud, 1895–1982
Sigmund Freud, 1856–1939
Melanie Klein, 1882–1960
Donald Winnicott, 1896–1971

Conceptos relacionados

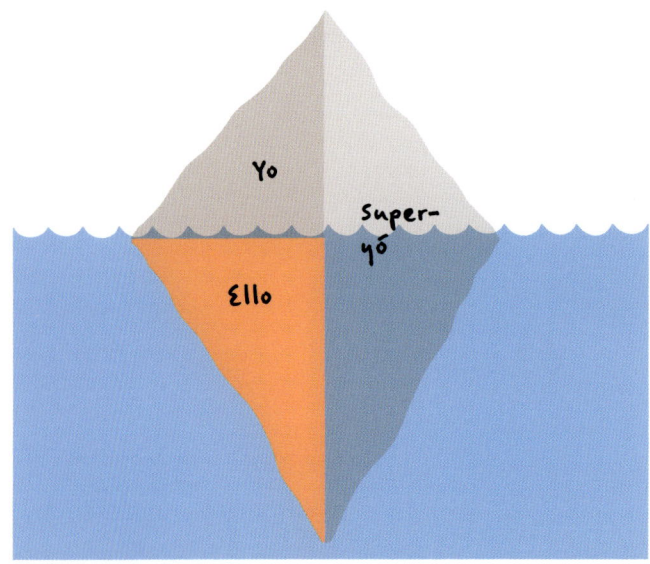

el yo

El yo, o el ego, es otro componente del modelo estructural de la psique formulado por Sigmund Freud.

Hoy día, el término «ego» está tan extendido que su significado ha cambiado y lo usamos para referirnos a alguien que solo piensa en sí mismo y es arrogante y creído. Sin embargo, en sus orígenes, la teoría de Freud postulaba que el yo era el intermediario o mediador en el conflicto entre el ello y la realidad del mundo exterior. A medida que crecemos, generalmente dejamos de actuar a través del ello, gritando cuando queremos comida o cuando queremos ir al baño. Según la teoría de Freud, esto se debe a que nuestro yo entra en juego y busca encontrar una manera más aceptable socialmente de satisfacer nuestras necesidades, como ir al baño. En cierto modo, se puede pensar en el yo como la fuerza civilizadora de nuestras conductas humanas.

Según la teoría del principio de realidad de Freud (distinta del principio de placer), el yo se sitúa entre dos fuerzas en conflicto: el ello y la necesidad de adherirse a las ideas de la sociedad, a la que llamó el superyó. Freud sugirió que, para gestionar este conflicto psíquico, el yo recurre a mecanismos de defensa como la negación, la represión y la racionalización. Pero eso es otra historia...

El yo se desarrolla en la infancia, a través de la influencia de nuestros padres, las amistades y otras influencias más generales, a medida que aprendemos a movernos por el mundo. Se piensa que un buen desarrollo del yo es imprescindible para vivir con tranquilidad.

En pocas palabras
El mediador entre el ello y el superyó en el modelo estructural de la mente de Freud.

Por qué es importante
El concepto del yo nos ayuda a comprender por qué actuamos como actuamos y por qué nos sentimos como nos sentimos.

Personajes clave
Erik Erikson, 1902–1994
Sigmund Freud, 1856–1961
Carl Jung, 1875–1961
Melanie Klein, 1882–1960

Conceptos relacionados

sueño

¿Qué significan realmente los sueños? Hay tres teorías principales que intentan explicar la rica experiencia que tenemos al dormir: la psicoanalítica, la cognitiva y la neurológica.

Sigmund Freud, el padre del psicoanálisis, fue una figura fundamental de la interpretación de los sueños, a los que consideraba «el camino real hacia el inconsciente». Creía que eran clave para comprender deseos reprimidos, conflictos sin resolver, preocupaciones y miedos. Para Carl Jung, un estrecho colaborador de Freud, los sueños eran la forma que tenía nuestro inconsciente de comunicarse con nuestra mente consciente. Defendía que los sueños son muy simbólicos y que los símbolos tienen significados distintos para cada persona.

Las teorías cognitivas de los sueños sugieren que nuestros sueños son un ensayo que permite que el cerebro practique y repita los acontecimientos de nuestra vida. En la fase REM (sueño de movimientos oculares rápidos), en la que se manifiestan la mayoría de los sueños, los ojos se mueven por debajo de los párpados. Las ondas cerebrales muestran más actividad cuando soñamos. Las teorías neurológicas de los sueños se centran en la actividad neural del cerebro. En este sentido, un elemento clave es la teoría de la activación-síntesis o activación neural de los psiquiatras John Allan Hobson y Robert McCarley, postulada en el siglo XX, según la cual un sueño es el intento de la mente de comprender del todo la actividad neural que se da en el tronco encefálico.

En definitiva, hay muchas teorías distintas que intentan explicar el fenómeno complejo y polifacético del sueño. ¿Cuál te convence?

En pocas palabras
Hay distintas teorías acerca de por qué tenemos sueños y qué «hacen».

Por qué es importante
Además de que es divertido intentar averiguar lo que representan, los sueños nos pueden ayudar a explorar nuestros encuentros cotidianos con las personas y el mundo.

Personajes clave
Sigmund Freud, 1856–1939
Carl Jung, 1875–1961
Lisa Miller
Alice Robb

Conceptos relacionados

hipnosis

La hipnosis, un estado de mayor sugestionabilidad y alteración de la conciencia inducido por un hipnotizador, es un entretenimiento bastante popular hoy día. Alguien sometido a hipnosis sería capaz de hablar un idioma extranjero o cacarear como una gallina. Sin embargo, también es un recurso que puede aplicarse con fines terapéuticos o experimentales.

Aunque tanto el sueño como la hipnosis sean estados alterados de la conciencia, sus mecanismos difieren. Al igual que el sueño, el estado de hipnosis se caracteriza por una relajación profunda, con la salvedad de que implica una mayor concentración y una mayor sugestionabilidad.

Los pensamientos y las percepciones de una persona hipnotizada pueden ser dirigidos. En una sola sesión breve, la hipnosis puede cambiar conductas y sentimientos, y hacer, por ejemplo, que la persona hipnotizada cacaree como una gallina. Pero también puede tener efectos más duraderos, una vez finalizada la sesión, para ayudar a las personas a dejar de fumar, a gestionar conductas compulsivas como comer en exceso o a vencer miedos y ansiedades. En entornos clínicos, la hipnosis también se utiliza para el tratamiento del dolor.

El psicólogo estadounidense Ernest Hilgard fue una figura clave de las teorías de la hipnosis. Según él, los individuos experimentan una división en la conciencia de modo que, cuando alguien es hipnotizado, una parte de la mente se separa y la otra es como un observador oculto que contempla en todo momento el proceso hipnótico, por lo que puede ver el dolor, por ejemplo, sin sentirlo jamás.

Algunas personas creen que la hipnosis es un fraude, mientras que otras argumentan que es un tratamiento no invasivo pero efectivo, una manera de lograr objetivos terapéuticos a largo plazo.

En pocas palabras
Un estado alterado de la conciencia, de profunda relajación física y mental.

Por qué es importante
La hipnosis es una valiosa intervención no física para distintos problemas. Es un potente tratamiento para aliviar dolores, adicciones y otras conductas.

Figuras clave
Alfred Binet, 1857–1911
Jean-Martin Charcot, 1825–1893
Ernest Hilgard, 1904–2001

Conceptos relacionados
falsos recuerdos/ilusiones, pp. 46–47
córtex/sistema límbico, pp. 144–145
consciente/inconsciente, pp. 146–147

neurodiversidad

El concepto de neurodiversidad es relativamente nuevo en el mundo de la psicología. El término fue acuñado por la socióloga australiana Judy Singer a finales de la década de 1990. Esta idea pone en jaque el modelo médico anterior, que trataba afecciones como el autismo, el trastorno por déficit de atención e hiperactividad (TDAH) y la dislexia como «anormales» desde el punto de vista psicológico. En lugar de verlas como disfuncionales, la neurodiversidad sugiere que son variaciones naturales de la norma psíquica.

El paradigma de la neurodiversidad fomenta una comprensión compartida de nuestra diversidad, en lugar de intentar «arreglar» diferencias entre personas. Desde el punto de vista terapéutico, esto puede significar un planteamiento más colaborativo al buscar puntos fuertes en lugar de carencias en cada uno de nosotros. Los psicólogos que trabajan en este campo, bien como investigadores, bien en la práctica, averiguan cómo se puede ayudar a las personas neurodivergentes a explorar sus mundos enseñándoles estrategias y adaptando sus entornos.

En el ámbito educativo, esto ha dado como resultado un alejamiento del planteamiento único para todos en favor de uno individualizado en el que un maestro, a ser posible, garantiza que todos los materiales de aprendizaje se adapten a todos los tipos de alumnos.

En pocas palabras
Un término que se refiere a una serie de condiciones neurológicas y cerebrales. Representa un alejamiento de la tendencia a etiquetar las dificultades neurológicas y de aprendizaje como «anormales».

Por qué es importante
La investigación y la práctica con personas neurodivergentes nos ayudan a reconocer que, como humanos, todos somos diferentes.

Personajes clave
Simon Baron-Cohen, n. 1958
Oswald Berkhan, 1834–1917
Georges Gilles de la Tourette, 1857–1904
Samuel Orton, 1879–1948

Conceptos relacionados
dislexia, p. 61
salud mental/enfermedad mental, pp. 68–69
TEA/TDAH, pp. 92–93

psicología LGBTQ+

La comunidad LGBTQ+ tiene una serie de necesidades concretas que requieren un conocimiento psicológico experto y, en este sentido, la psicología LGBTQ+ es similar a la psicología para la neurodiversidad. Ambas fomentan ideas de inclusividad y se oponen a antiguas formas de patologizar y estigmatizar la diferencia.

La psicología LGBTQ+ trata con las experiencias psicológicas únicas de personas gays, lesbianas, bisexuales, transexuales, *queer* o de cualquier otra orientación no heteronormativa. Los miembros de esta comunidad experimentan ansiedad, depresión y problemas de salud mental concretos en comparación con sus homólogos heterosexuales o cisgénero (personas que se identifican con el sexo con el que nacieron). Por lo tanto, este campo ha seguido evolucionando.

La investigación y la práctica de la psicología LGBTQ+ se centran en ámbitos diversos como la salud mental, la discriminación, las relaciones personales y la formación de la identidad. La psicología LGBTQ+ también aborda ideas sobre la interseccionalidad, cuando las personas tienen múltiples identidades que están marginalizadas. Por ejemplo, una persona que es neurodivergente y transgénero.

Los planteamientos psicoterapéuticos con personas LGBTQ+ son positivos y de apoyo. Una persona busca ayuda psicológica para abordar problemas como la salida del armario, las dinámicas familiares, la pérdida, el cambio y el crecimiento. Entre las teorías psicológicas potencialmente útiles en torno a la salida del armario se incluyen el modelo de identidad sexual de la comunidad LGBTQ de Vivienne Cass y el modelo de revelación de la identidad sexual de Anthony D'Augelli.

En pocas palabras
Este campo se ha desarrollado en los últimos años para comprender las necesidades específicas y el crecimiento psicológico de esta comunidad diversa.

Por qué es importante
Con una mayor comprensión de todos los grupos de la sociedad, podemos promover una mejor comprensión de las comunidades diversas.

Personajes clave
Edward Carpenter, 1844–1929
Karl Ulrichs, 1825–1895,
Magnus Hirschfeld, 1868–1935

Conceptos relacionados

creatividad

¿Cuáles son los primeros nombres que te vienen a la cabeza cuando piensas en creatividad? ¿Leonardo Da Vinci, Marie Curie, Oprah Winfrey? Todas estas personas se liberaron de las limitaciones que imponía la sociedad dominante para crear cosas nuevas e increíbles. Desde inventos que cambian vidas hasta la resolución de problemas cotidianos, la creatividad tiene que ver con el modo en que los humanos generan ideas, objetos y experiencias originales. Es, quizás, lo que realmente nos hace humanos.

Los psicólogos han postulado distintas teorías para explicar la creatividad humana. Una de ellas es el modelo de componentes de Teresa Amabile, ampliamente utilizado por psicólogos laborales para que los directores mejoren la creatividad de sus equipos. Amabile sugiere que el proceso creativo depende de tres componentes imprescindibles: experiencia, habilidades de pensamiento creativo y motivación. Si aplicamos el modelo a una situación que no se considera típicamente «creativa» (por ejemplo, un departamento gubernamental), podemos entender el proceso con más claridad. Dicho departamento debe crear políticas nuevas. El equipo necesita tener un conocimiento experto de lo que se necesita y por qué. Asimismo, debe aplicar habilidades de pensamiento creativo para encontrar las mejores soluciones con imaginación y perseverancia. Por último, necesita motivación: una pasión interior para crear soluciones nuevas. He aquí un modelo sobre el funcionamiento de la creatividad.

En pocas palabras
Las teorías de la creatividad explican cómo hacemos literatura, música y arte, y también cómo se nos ocurren ideas nuevas en otros campos.

Por qué es importante
Parte de lo que nos hace humanos es esta habilidad especial de la creatividad. Vale la pena saber cómo funciona y cómo podemos aprovechar su poder.

Personajes clave
Mihaly Csikszent-mihalyi, 1934–2021
Dennis Kinney
Adolphe Quetelet, 1796–1874
Ruth Richards

Conceptos relacionados
sueño, p. 12
sinestesia, p. 52
alucinaciones, p. 63
estados de flujo/viajes psicodélicos, pp. 96–97

fuerza de voluntad

El inventor Thomas Edison dijo que un genio creativo es un 1% de inspiración y un 99% de transpiración. Los grandes logros dependen tanto de la capacidad de trabajo como de las grandes ideas. Es hora de pensar en la fuerza de voluntad, que implica la capacidad de ejercer autocontrol, resistir impulsos y regular nuestras emociones para lograr objetivos a largo plazo, a pesar de encontrar piedras en el camino.

Actualmente, hay tres modelos principales de fuerza de voluntad en psicología. De acuerdo con el modelo de agotamiento del ego, la fuerza de voluntad es un recurso limitado que, sencillamente, puede agotarse. Si sigue resistiéndose a las tentaciones, al final, su capacidad de autocontrol se agotará.

En cambio, el modelo propuesto por Roy Baumeister sugiere que la fuerza de voluntad es como un músculo que, cuanto más se ejercita, más fuerte está. Según esta teoría, con el tiempo, los pequeños actos de autocontrol repetidos pueden traducirse en una fuerza de voluntad más férrea.

En tercer lugar, el disfrute y el interés personales son factores que influyen mucho a la hora de mantener la fuerza de voluntad. La teoría de la expectativa-valor sostiene que es más probable que alguien recurra a la fuerza de voluntad si al final consigue una recompensa. Si se hace la promesa de que después se comerá un bocadillo de beicon, es más probable que vaya al gimnasio.

En pocas palabras
Capacidad de demostrar autocontrol y perseverancia.

Por qué es importante
La fuerza de voluntad y el autocontrol influyen en todo lo que hacemos individualmente y en el contexto de una sociedad civilizada. ¿Cómo podemos llevar a cabo nuestros planes para el futuro sin perseverar?

Personajes clave
Roy Baumeister, n. 1953
Martin Hagger
Diane Tice

Conceptos relacionados
condicionamiento clásico/operante, pp. 22–23
mentalidad de crecimiento, p. 32
hábito/adicción, pp. 86–87
mente/cerebro, pp. 154–155

Estoy en ello...

efecto placebo

Aunque lo parezca, un placebo no es un medicamento de verdad, sino una falsificación intencionada. De hecho, el término latino «placebo», que significa «yo complaceré», se originó en los estudios clínicos. Los científicos probaban medicamentos en pacientes y daban un tratamiento de verdad a un grupo y un placebo (por ejemplo, una pastilla de azúcar) a otro y, posteriormente, examinaban la recuperación de ambos. Los investigadores vieron que las personas que habían recibido la pastilla de azúcar también mejoraron mucho. Esto llegó a conocerse como «efecto placebo», por el cual las personas con síntomas reciben medicamentos falsos y sus síntomas mejoran, a pesar de que el tratamiento en sí no tenga beneficios terapéuticos. En 1955, el anestesista estadounidense Henry K. Beecher escribió el artículo «The Powerful Placebo» («El poderoso placebo») y, desde entonces, se considera un hecho científico.

El efecto placebo lo experimentan todo tipo de personas con afecciones muy distintas. Lo vemos en casos de tratamiento del dolor, trastornos psiquiátricos y diversas respuestas inmunitarias. Es real y constatable, puesto que los científicos pueden comprobar los cambios en la frecuencia cardiaca, la tensión arterial y la actividad hormonal en pacientes que han tomado un placebo. Esto, por supuesto, tiene muchas implicaciones para la atención médica y la investigación.

Hay una serie de factores que pueden explicar este fenómeno. Un efecto de expectativa, en el que el paciente cree que una pastilla funcionará, puede desencadenar una liberación de sustancias químicas que se traduzcan en una mejora de los síntomas. La teoría del aprendizaje también se utiliza para explicar cómo llegamos a asociar una pastilla determinada con una sensación curativa para que se produzca la curación.

En pocas palabras
Describe cómo los síntomas de un paciente pueden mejorar después de tomar medicamentos «falsos» o no terapéuticos.

Por qué es importante
Una recuperación más fluida y menores costes de medicación se encuentran entre las posibles implicaciones de considerar la curación con un placebo en el tratamiento de personas enfermas.

Figuras clave
Henry Beecher, 1904–1976
E. Morton Jellinek, 1890–1963

Conceptos relacionados
conducta/cognición, pp. 6–7
memoria/olvido, pp. 40–41
lavado de cerebro, p. 42

efecto nocebo

¿Por qué hay tantas personas que tiran enseguida el prospecto de efectos secundarios que no han leído después de abrir un medicamento? Porque no quieren que les influyan las expectativas negativas. Intentan evitar el efecto nocebo. Es lo contrario al efecto placebo y se produce cuando una persona anticipa reacciones negativas de un medicamento o tratamiento y luego las experimenta de verdad. Es decir, alguien experimenta un efecto nocebo y se siente fatal aunque se haya tomado solamente una inofensiva pastilla de azúcar.

En el corazón del efecto nocebo está la anticipación negativa de una persona: «¡Este tratamiento me hará daño!». Se cree que esta sensación desencadena respuestas fisiológicas que luego están en consonancia con sus expectativas. El efecto nocebo provoca un aumento de la ansiedad y el miedo, lo que puede causar respuestas fisiológicas de estrés en el cuerpo (liberación de cortisol, la hormona del estrés, así como aumento de la frecuencia cardiaca y la temperatura), todo lo cual empeora los síntomas.

El fenómeno se observó (y se designó como «nocebo» a partir del latín, que significa «haré daño») cuando los investigadores descubrieron que los pacientes referían síntomas negativos incluso cuando les daban tratamientos falsos. Los científicos llegaron a la conclusión de que esa reacción se debía simplemente a que tenían expectativas negativas.

En los estudios de ensayos clínicos, los investigadores deben prestar atención tanto a los efectos placebo como nocebo. Hay una clara interacción entre lo psicológico y lo físico, entre la mente y el cuerpo, que puede ayudar o dificultar la investigación y la práctica clínicas.

En pocas palabras
Se produce cuando un paciente espera sentirse mal después de tomar un medicamento y realmente se siente así, aunque el medicamento sea falso.

Por qué es importante
Es fundamental conocer la interacción entre la mente y el cuerpo y cómo puede influir en la salud y los tratamientos.

Personajes clave
Michael Bernstein
Charlotte Blease
Bessel van der Kolk, n. 1943

Conceptos relacionados
hábito/adicción, pp. 86–87
escáner cerebral/electroencefalograma, pp. 150–151
mente/cerebro, pp. 154–155

frenología

A finales del siglo XVIII, la frenología estaba de moda. Una especie de precursora primitiva de la neurociencia, era una manera de clasificar las distintas partes del cerebro, relacionándolas con rasgos de personalidad, inteligencia y carácter. Los frenólogos argumentaban que la forma de hacerlo era a través del examen de los bultos y las protuberancias del cráneo humano. Algunos, como el médico alemán Franz Joseph Gall y su colega Johann Spurzheim, decían que podían identificar rasgos de personalidad como la amabilidad, el talento musical e incluso el amor de los niños tocando el contorno de la cabeza.

Científicos y legos en la materia quedaron fascinados por esta nueva «ciencia». Los frenólogos impartieron conferencias en todo el mundo occidental y se crearon sociedades frenológicas para compartir ideas.

Si embargo, con la mejora de la tecnología y el desarrollo de la neurología a través de métodos más sofisticados como la disección cerebral y las neuroimágenes, la frenología cayó en descrédito. Fue criticada por ser demasiado simplista y hacer afirmaciones infundadas. El argumento básico de que las distintas regiones cerebrales están asociadas con funciones específicas es válida, pero la frenología ha sido sustituida por planteamientos más matizados, sofisticados y basados en pruebas de la neurociencia.

Una de las lecciones que han aprendido los psicólogos de la investigación con esta ola de pseudociencia es comprometerse siempre con el rigor científico, el pensamiento crítico y la evidencia empírica antes de anunciar nuevos planteamientos.

En pocas palabras
Pseudociencia muy desacreditada. Sugiere que la formación del cráneo y el cerebro podrían estar relacionadas con rasgos de personalidad.

Por qué es importante
Determinadas ideas despiertan la imaginación y cabe preguntarse por qué, así como estudiar cómo se desarrollan las teorías científicas a lo largo del tiempo.

Figuras clave
Pierre Paul Broca, 1824–1880
Franz Joseph Gall, 1758–1828
Johann Spurzheim, 1776–1832

Conceptos relacionados
neuroplasticidad, p. 27
rasgos de personalidad, p. 112
escáner cerebral/electroencefalograma, pp. 150–151

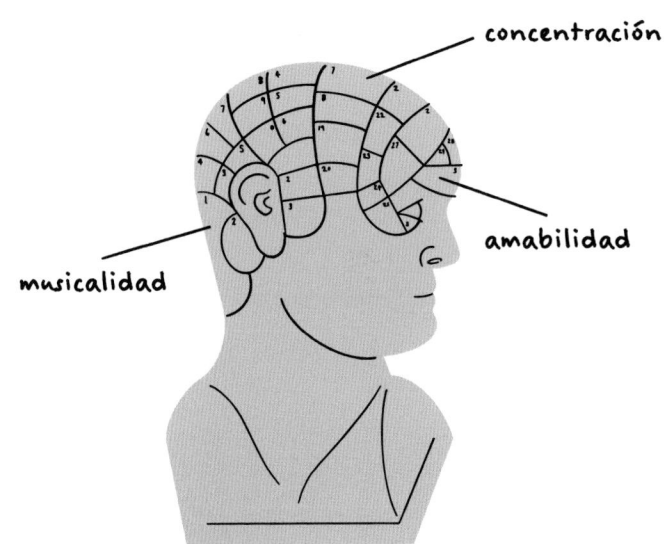

concentración

musicalidad

amabilidad

fisiognomía

Al igual que la frenología, la pseudociencia de la fisiognomía se basaba en el aspecto y la forma de los rasgos de una persona. La diferencia es que la fisiognomía es la interpretación del carácter de una persona únicamente a partir de sus características faciales.

Este planteamiento se originó en la antigua Grecia y China. El filósofo griego Aristóteles relacionó ciertos rasgos de personalidad con características faciales concretas. Un ejemplo muy conocido era la idea de que tener las cejas altas significaba que la persona tenía afinidad por las artes y la cultura. La antigua China también influyó mucho en esta teoría. Los profesionales de la medicina tradicional china a menudo examinaban los rasgos faciales para diagnosticar problemas de salud y predecir el destino.

La fisiognomía resurgió durante el Renacimiento europeo, cuando el filósofo suizo Johann Kaspar Lavater argumentó que el estudio de los rasgos faciales podía revelar conocimientos profundos sobre el valor moral de una persona. Posteriormente, en el siglo XIX, el criminólogo italiano Cesare Lombroso relacionó la fisiognomía con sus propias teorías de antropología criminal. Estaba convencido de que determinados rasgos de la cara y el cráneo podían identificar a las personas predispuestas al comportamiento delictivo.

La fisiognomía, al igual que la frenología, fue desestimada por la comunidad científica debido a la falta de rigor y de pruebas que la respaldaran. El auge de la psicología empírica hizo que la fisiognomía se considerara cada vez más pura charlatanería.

En pocas palabras

La fisiognomía, una disciplina científica que antiguamente gozaba de popularidad, sugiere que el carácter de una persona puede predecirse a partir de sus rasgos faciales.

Por qué es importante

Es interesante aprender de las teorías científicas históricas y ver cómo influyen en el pensamiento actual, mientras nos preguntamos hasta qué punto la «ciencia» actual, en algún momento, se arrojará al cubo de la incredulidad.

Personajes clave

Gary Klein, n. 1944
Johann Kaspar Lavater, 1741–1801
Cesare Lombroso, 1835–1909

Conceptos relacionados

trastorno de identidad disociativo, p. 99
rasgos de personalidad/roles sociales, pp. 112–113
lateralización, p. 149

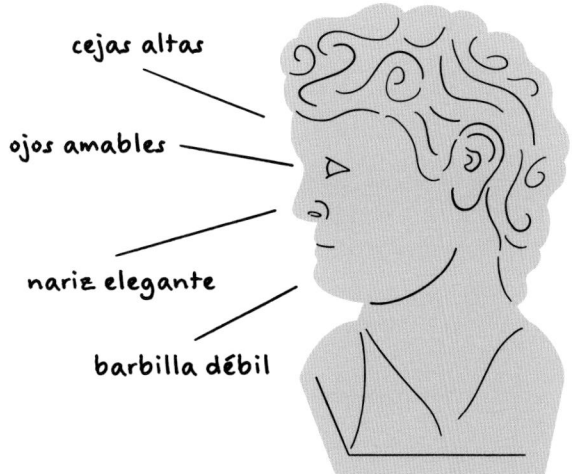

cejas altas

ojos amables

nariz elegante

barbilla débil

condicionamiento clásico

O, lo que es lo mismo, aprender por asociación. Se trata de un concepto clave en psicología que estudió por primera vez por el fisiólogo ruso Ivan Pavlov entre finales del siglo XIX y principios del siglo XX.

En sus famosos experimentos, Pavlov mostraba a los perros una golosina (que él llamó «estímulo incondicionado») mientras sonaba una campana. Cuando les enseñaba la comida, estos babeaban anticipadamente, y Pavlov llamó «respuesta incondicionada» a esta secreción de saliva. Tras muchas repeticiones, los perros de Pavlov aprendieron a asociar la campana con la comida, de modo que, al final, el sonido por sí solo, sin comida, hacía que los perros salivaran (la campana se había convertido en un «estímulo condicionado», que provoca una «respuesta condicionada»). Este es el principio original del condicionamiento clásico descubierto por Pavlov.

Hay todo tipo de efectos en cadena relacionados con el condicionamiento clásico, como la generalización (un perro puede salivar al oír un tono de campana distinto) o la extinción (si una campana suena repetidamente sin que el perro obtenga comida, al final, la salivación se detendrá).

Fuera del laboratorio, el condicionamiento clásico puede utilizarse para explicar muchos conductas. Un niño que va a la escuela se encuentra con su entrañable maestra (estímulo incondicionado), que hace que se sienta integrado (respuesta incondicionada). El niño asocia ir a la escuela (estímulo condicionado) con la maestra. Ir a la escuela hace que el niño se sienta integrado (respuesta condicionada). El condicionamiento clásico es un concepto que puede aplicarse en muchos ámbitos de la vida. Se utiliza en psicoterapia, cambios de conducta, formación para padres e incluso publicidad.

En pocas palabras
Cuando la mente asocia dos estímulos (una campana y comida, por ejemplo), se genera un condicionamiento clásico.

Por qué es importante
Saber que desde fuera de nuestra propia mente se puede influir en nuestras conductas es útil para comprender aprendizajes de todo tipo.

Personajes clave
Ivan Pavlov, 1849–1936
Jean Piaget, 1896–1980
B. F. Skinner, 1904–1990

Conceptos relacionados

campana = comida

condicionamiento operante

Al igual que el condicionamiento clásico, el condicionamiento operante asocia el aprendizaje y las conductas, pero, en este caso, los conceptos clave son la recompensa y el castigo, no el refuerzo estímulo-respuesta. Este nuevo planteamiento se atribuye al psicólogo y conductista Burrhus Frederic (B. F.) Skinner (véase pág. 6).

Skinner ideó la «cámara de condicionamiento operante», lo que hoy se conoce como «caja de Skinner». Era una especie de pequeño laboratorio para ratas o palomas que servía para probar hipótesis concretas. La paloma de la caja aprendía a responder a estímulos sonoros para ganar una recompensa. Esta recompensa podía ser un refuerzo positivo, como la comida, o un refuerzo negativo, como la eliminación de un olor pestilente. Como era de esperar, Skinner demostró que el castigo atenuaba los comportamientos. Definió el castigo positivo como cuando se nos presenta un estímulo desagradable, como que nos golpeen con un bastón. El castigo negativo es cuando se elimina un estímulo agradable, como cuando a un niño se le quita su peluche favorito.

El refuerzo intermitente puede ser una manera eficaz de moldear la conducta. A veces, el animal que estaba en la caja se recompensaba por sus conductas pero, otras, no. Dicho refuerzo mantiene la conducta durante más tiempo, debido a la imprevisibilidad de la recompensa. Las máquinas tragaperras, los juegos de azar en línea, los videojuegos y los aplicaciones de citas son excelentes ejemplos de que el refuerzo intermitente mantiene al usuario enganchado y con ganas de más.

En pocas palabras
Está relacionado con las recompensas y los castigos: se hace una asociación entre las conductas y las consecuencias que cambia los patrones de conducta.

Por qué es importante
Puede ayudarnos a los adultos (y a nuestros hijos) a cambiar de conducta y de hábitos no deseados.

Personajes clave
Ivan Pavlov, 1849–1936
B. F. Skinner, 1904–1990
Edward Thorndike, 1874–1949

Conceptos relacionados

hueso = comida

psicología del desarrollo

Esta rama de la psicología estudia el proceso dinámico del crecimiento humano: cómo pasamos de recién nacidos a adultos (con suerte) plenamente formados.

Quizás la figura más importante de la psicología del desarrollo fuera el psicólogo suizo Jean Piaget (véase p. 36). Sugirió que había cuatro etapas clave del desarrollo humano:

- etapa *sensoriomotora* (del nacimiento a los dos años de edad), en la que el bebé explora el mundo a través de sus sentidos;

- etapa *preoperacional* (alrededor de los dos años), cuando el niño empieza a aprender a hablar;

- etapa de las *operaciones concretas* (de los siete a los once años), cuando el niño puede pensar por sí mismo y manipular la información, con operaciones matemáticas básicas, por ejemplo, y

- etapa de las *operaciones formales* (de los once a los dieciséis años en adelante), en el que utilizamos el pensamiento abstracto.

El psicólogo estadounidense Lawrence Kohlberg fue una figura clave de este campo en las décadas de 1970 y 1980, cuando estudió nuestra manera de entender la moralidad y la capacidad de tomar decisiones éticas. Otras teorías de la psicología del desarrollo, como las del británico John Bowlby, tienen en cuenta el apego en la infancia y su influencia en las relaciones en etapas posteriores de la vida. De acuerdo con Erik Erikson (véase p. 37), un psicoanalista estadounidense de origen alemán hijo de danés, las etapas de crecimiento a lo largo de la vida dependían de la resolución de las crisis existenciales.

En pocas palabras
Ha ampliado nuestro conocimiento sobre las áreas cognitiva, emocional y social del crecimiento humano.

Por qué es importante
La psicología del desarrollo nos proporciona información sobre nuestras influencias clave y los periodos de crecimiento más críticos.

Personajes clave
Mary Ainsworth, 1913–1999
Erik Erikson, 1902–1994
Jean Piaget, 1896–1980

Conceptos relacionados
Jean Piaget/Erik Erikson, pp. 36–37
gemelos, p. 118

psicología de la educación

Si su hijo fuera a ver a un psicólogo educativo, es probable que abordara el caso de la siguiente manera. En primer lugar, el psicólogo realizaría un historial detallado del desarrollo del niño, de sus preocupaciones pasadas y presentes en la escuela y fuera de ella. A continuación, podría llevar a cabo una evaluación de aprendizaje detallada, que incluyera pruebas de coeficiente intelectual, de lectura, de escritura, de lenguaje y de aprendizaje a lo largo de varias sesiones. Asimismo, podría completar el proceso con observaciones en el aula. Por último, el psicólogo educativo haría recomendaciones para intervenciones directas, incluido el apoyo y la ayuda en el aula y otros entornos. Estas recomendaciones podrían involucrar a terapeutas ocupacionales, trabajadores sociales, logopedas, terapeutas de juego y otros profesionales para que su hijo se desenvolviera lo mejor posible en el ámbito escolar.

Al igual que los psicólogos clínicos, los psicólogos educativos estudian métodos innovadores para ayudar a niños y jóvenes. Quizás el aspecto clave de la psicología de la educación sea el uso de estrategias basadas en pruebas para mejorar el aprendizaje efectivo y el diseño curricular de los niños y sus profesores.

Si bien existe cierto solapamiento entre las teorías de la psicología del desarrollo y la psicología de la educación, tienen aplicaciones muy distintas. Los psicólogos educativos trabajan en escuelas, universidades y otros entornos de aprendizaje. Aplican la teoría psicológica a la práctica educativa para conseguir el mejor aprendizaje de los estudiantes. Para hacerlo plenamente, también asesoran y forman a educadores.

En pocas palabras
Rama de la psicología que se ocupa del estudio científico y las intervenciones del aprendizaje humano.

Por qué es importante
La psicología de la educación ayuda tanto a profesores como a estudiantes a alcanzar su potencial en entornos académicos.

Personajes clave
Johann Herbart, 1776–1841
William James, 1842–1910
Jerome Bruner, 1915–2016

Conceptos relacionados
psicólogo clínico, p. 9
resiliencia, p. 70
terapia familiar, p. 106

psicología transcultural

La psicología como disciplina académica surgió en Europa y Norteamérica. En años más recientes, psicólogos de todo el mundo han comenzado a darse cuenta de que estos conceptos occidentales y eurocéntricos pueden no ser aplicables en culturas con diferentes valores y sistemas de creencias. Han descubierto que los mismos experimentos llevados a cabo en diferentes culturas pueden llevar a resultados muy diferentes. La conclusión es que los conceptos psicológicos no necesariamente pueden «exportarse».

La psicología transcultural se expandió enormemente a partir de la década de 1960. Con el aumento de la globalización, las nociones de diversidad cultural se han incorporado a la mayoría de los proyectos de investigación, para dar cuenta de la influencia de la cultura en el funcionamiento psicológico en áreas como la cognición, la conducta y las emociones.

Un claro ejemplo de la interacción de la cultura y la conducta es un estudio realizado en 2015 por Tanya Luhrmann y sus colegas con personas que oían voces. Los californianos se refirieron a las voces como invasivas e irreales. Por el contrario, en el sur de la India las describieron como útiles y orientadoras, mientras que en África occidental las veían potentes y moralmente buenas. Otro ejemplo es el modelo de los cinco grandes rasgos de la personalidad, tal como lo definen los psicólogos estadounidenses (extraversión, amabilidad, responsabilidad, neuroticismo y apertura a la experiencia), que no puede trasladarse con precisión a otras culturas.

¿Cuál es la conclusión? Quizás no haya una estructura de personalidad universal porque las distintas culturas muestran distintos rasgos significativos.

En pocas palabras
Analiza distintos fenómenos psicológicos en el mundo.

Por qué es importante
En la teoría y en la práctica, la psicología puede enriquecerse al observar todos los tipos de diferencias culturales.

Personajes clave
Jefferson Fish
Margaret Mead,
1901–1978
Wilhelm Wundt,
1832–1980

Conceptos relacionados
condicionamiento clásico/operante, pp. 22–23
identidad social/ pájaros del mismo plumaje, pp. 142–143

La cultura influye en la psicología.

neuroplasticidad

En el ámbito de la psicología, pocos descubrimientos han despertado tanto entusiasmo como el concepto de la neuroplasticidad. Mientras que la psicología transcultural aborda la conducta humana en su contexto social más amplio, la neuroplasticidad se refiere a detalles minuciosos de la actividad que se produce en las profundidades del cerebro y afecta a nuestras conductas y nuestro aprendizaje.

El cerebro tiene una capacidad notable de reorganizarse, formando nuevas conexiones neurales en respuesta al aprendizaje, la experiencia e incluso las lesiones. Antes, los científicos creían que nuestro cerebro era estático e inalterable después de cierta edad, pero los descubrimientos recientes sobre la neuroplasticidad revelan que el cerebro cambia de forma y estructura, como el plástico, durante el transcurso de la vida.

Imagine el cerebro como una vasta red de autopistas interconectadas en la que cada neurona representa un cruce. La neuroplasticidad es como la construcción de nuevas carreteras e incluso el desvío de las existentes. Permite que la información fluya de manera más eficiente, permitiendo que surjan nuevas habilidades y conductas. Tanto para dominar un instrumento musical como para recuperarse de un infarto cerebral o superar un trauma, recurrimos a la neuroplasticidad, que remodela el paisaje del cerebro en respuesta a nuestras acciones y experiencias.

El campo de la psicología evoluciona constantemente con nuevos descubrimientos, incluso nuevas disciplinas, que van surgiendo. Al igual que sucede con la psicología transcultural, el estudio de la neuroplasticidad nos ha demostrado lo mucho que nos queda por averiguar acerca del cerebro y la mente, y nos anima a cuestionarnos nuestras ideas preconcebidas sobre ambos.

En pocas palabras
Capacidad inherente del cerebro para crecer, adaptarse y cambiar para permitir que la información nueva fluya de forma efectiva.

Por qué es importante
Comprender la neuroplasticidad ofrece esperanza a todos los que luchamos contra el envejecimiento cerebral, los trastornos neurológicos o las lesiones.

Personajes clave
Elizabeth Gould, n. 1962
Eric Kandel, n. 1929
Michael Merzenich, n. 1942

Conceptos relacionados

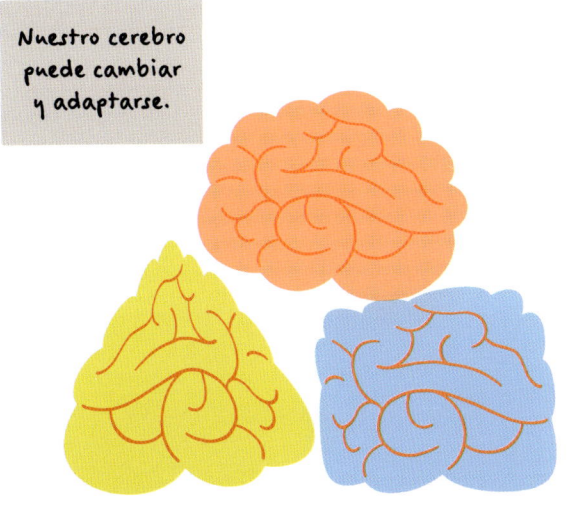

Nuestro cerebro puede cambiar y adaptarse.

psicología humanista

Esta escuela de psicología surgió en la década de 1950 como parte de una reacción contra el psicoanálisis y el conductismo, y ha influido en todos los planteamientos de la consultoría psicológica y la psicoterapia, así como en otros ámbitos de las ciencias sociales, como la educación y la economía. El modelo de la «jerarquía de las necesidades» de Abraham Maslow constituye la base de los principios humanistas. Propone que los humanos tenemos una predisposición innata a alcanzar nuestro mayor potencial, algo que definió como «autorrealización». A diferencia del planteamiento psicoanalítico anterior, centrado en los déficits de personalidad y funcionamiento, la psicología humanista se centra en los aspectos positivos.

Uno de los principios imprescindibles de este planteamiento es fomentar la autoconciencia y la autorreflexión para ayudar a las personas a cambiar sus estados de ánimo, creando seres más saludables y productivos. El «holismo» es un concepto que tiene que ver con la naturaleza holística de la experiencia humana y la agencia personal (la capacidad que todos tenemos de tomar nuestras propias decisiones y ejercer nuestro libre albedrío), y también es clave para este planteamiento.

Quizás el elemento terapéutico más importante de la psicología humanista sea la idea de consideración positiva incondicional de Carl Rogers: aceptación, empatía y valoración de una persona sin juzgarla para crear un entorno de apoyo para el crecimiento personal.

Si bien el humanismo ha ejercido una enorme influencia, sus detractores argumentan que carece de rigor empírico en comparación con otros planteamientos terapéuticos como la terapia cognitivo conductual o el conductismo.

En pocas palabras
Incide en el estudio de la persona en su conjunto. Los psicólogos humanistas ven el mundo a través de los ojos de sus clientes, no como observadores expertos externos.

Por qué es importante
La psicología humanista elimina el estigma asociado a la psicoterapia y hace que la relación sea más equitativa, la de dos personas que recorren un camino juntas.

Personajes clave
Abraham Maslow, 1908–1970
Rollo May, 1909–1994
Carl Rogers, 1902–1987

Conceptos relacionados

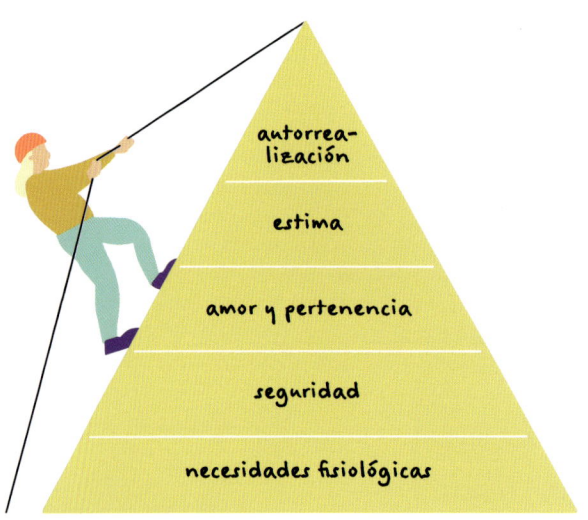

autorrealización
estima
amor y pertenencia
seguridad
necesidades fisiológicas

psicología positiva

Tanto la psicología humanista como la psicología positiva giran en torno a los aspectos positivos del ser humano. Esta última analiza lo que está bien en uno mismo y no lo que está mal, centrándose en los aspectos positivos de la experiencia humana como las emociones positivas, las fortalezas y virtudes, los valores, el propósito, el flujo y la resiliencia.

El psicólogo estadounidense Martin Seligman es el fundador de la psicología positiva occidental (estas ideas han existido en las culturas orientales durante siglos). Desde la pandemia mundial del Covid-19, ha habido un gran interés en la psicología positiva y el pensamiento del bienestar en todo el mundo.

En la práctica, los psicólogos positivos recomiendan ampliar las ventanas de buenos sentimientos y alegría a través de métodos sencillos como llevar un diario, meditar y fomentar la gratitud. También se ha demostrado que los actos aleatorios de amabilidad, como hacer buenas obras por los demás, ayudan a equilibrar la salud mental. Estas prácticas pueden tener lugar en las sesiones de psicoterapia, pero también en entornos académicos y corporativos.

Sus detractores defienden que la psicología positiva simplifica demasiado la complejidad de nuestras conductas y nuestra psique interna. Argumentan que plantea un problema fundamental, ya que la psicología positiva continúa individualizando la angustia humana en lugar de mirar el contexto más amplio y las formas en que factores como la pobreza y la opresión pueden derivar en una salud mental precaria.

En pocas palabras
Estudio y práctica científicos del crecimiento, el bienestar y la felicidad humanos.

Por qué es importante
Dejar de centrarnos en los déficits psicológicos y apostar por la comprensión de la resiliencia y los factores que hacen más felices a las personas podrían ayudarnos a crear un entorno menos hostil y una sociedad menos estresada.

Personajes clave
Mihaly Csikszentmihalyi, 1934–2021
Carol Dweck, n. 1946
Martin Seligman, n. 1942

Conceptos relacionados
emociones, p. 67
hedonismo, p. 73
viajes psicodélicos, p. 97

autorrealización

estima

amor y pertenencia

seguridad

necesidades fisiológicas

Sigmund Freud

Sigmund Freud (1856–1939) revolucionó nuestra manera de entender la mente. A él se debe la invención de «la cura por la palabra», es decir, el psicoanálisis. Por primera vez en la historia de la medicina occidental, se escuchaba a los enfermos mentales.

El psicoanálisis fue el peculiar método de Freud para tratar las «enfermedades» mentales. Consideraba que los problemas mentales se originaban a partir de los conflictos de la psique. Escuchando a sus pacientes, postuló teorías de la mente trabajadora y creó conceptos como el inconsciente y los mecanismos de defensa psíquicos.

Había (y hay) muchos detractores que pensaban que el propio Freud había perdido el norte y que su planteamiento era perjudicial. Tomemos como ejemplo uno de sus casos más conocidos: el del pequeño Hans, que tenía fobia a los caballos. Freud aplicó su propio concepto de complejo de Edipo (un anhelo sexual inconsciente por el progenitor del sexo contrario) para explicar esta fobia. Según la teoría de Freud, Hans había trasladado a los caballos sus miedos y la rivalidad con su padre. Gracias al psicoanálisis, se curó. Saque sus propias conclusiones. Hoy día, la terapia cognitivo conductual, y no el psicoanálisis, es el tratamiento habitual para la mayoría de las fobias.

Las teorías de Freud han generado mucha polémica, en concreto por el gran «encubrimiento freudiano». Cuando formulaba los principios de la sexualidad infantil, Freud escuchó historias de abusos sexuales reales, pero la idea de que hubiera adultos que abusaran de niños fue tan impactante en la época que cambió lo que escuchó para postular la teoría de la sexualidad infantil y el complejo de Edipo.

En pocas palabras
El creador del psicoanálisis. Recibió formación como médico y, posteriormente, desarrolló su interés por la cura por la palabra como forma de curación de trastornos psicológicos.

Por qué es importante
Las ideas de Freud han ejercido una gran influencia en nuestra comprensión de la conducta humana y en el pensamiento contemporáneo sobre el arte, la literatura y la política.

Personajes clave
Anna Freud, 1895–1982
Melanie Klein, 1882–1960

Conceptos relacionados
el ello/el yo, pp. 10–111
envidia, p. 82
terapia psicodinámica, p. 104
inconsciente, p. 147

Soy el padre del psicoanálisis.

Carl Jung

A partir de 1900 aproximadamente, Carl Jung (1875–1961) empezó a trabajar estrechamente con Freud, a quien al parecer admiraba. Jung se convirtió en un miembro importante del movimiento psicoanalítico de aquel entonces y contribuyó a la expansión de las ideas psicoanalíticas.

Sin embargo, alrededor de 1913, tuvo muchos desacuerdos teóricos con Freud, lo que llevó a una división entre ellos. En este punto, Jung fundó una escuela propia llamada «psicología analítica», similar en nombre a la escuela «psicoanalítica» de Freud, pero muy diferente.

Jung, un psiquiatra que también ejerció de psicoanalista, era mucho más espiritual que Freud. Estaba convencido de que la psique era mucho más que el ello, el yo y el superyó, y desarrolló la noción del inconsciente colectivo, una capa de conciencia compartida por todos los seres humanos. El inconsciente colectivo son los mitos, los arquetipos y los temas universales que evocan emociones comunes en todos nosotros. Ejemplos de arquetipos son el héroe, la madre, el ánima (el elemento femenino de la psique masculina) y el ánimus (el aspecto masculino de la psique femenina). Jung sugiere que los arquetipos nos brindan un lenguaje simbólico o metafórico más vasto, permitiéndonos considerar a las personas en sus contextos más amplios. También inventó las nociones de los tipos de personalidad extravertida e introvertida, que hoy son de uso común.

A pesar de las críticas habituales dirigidas contra el trabajo psicoanalítico (ausencia de investigación empírica, eurocentrismo y falta de validez científica), el trabajo de Jung influye en la psicología y las terapias creativas convencionales.

En pocas palabras
Jung fue discípulo de Freud, pero se apartó de él para desarrollar de su propia rama de psicología analítica. Creó la idea del inconsciente colectivo y los tipos de personalidad.

Por qué es importante
El trabajo de Jung ha sido influyente para la psicología, la psiquiatría y el estudio de la religión, la literatura y las artes.

Personajes clave
Adolf Bastian, 1826–1903
Rowland Hazard III, 1881–1945
Andrew Samuels, n. 1949

Conceptos relacionados
neuroticismo, p. 71
terapia psicodinámica, p. 104
introversión/ extraversión, pp. 120–121

El inconsciente colectivo es el quid de la cuestión...

mentalidad de crecimiento

La psicóloga estadounidense Carol Dweck acuñó el término «mentalidad de crecimiento» en la década de 1980. Fue el fruto de años de investigación por parte de ella y su equipo en escuelas de todo Estados Unidos. Dweck argumentó que, a través de la mentalidad de crecimiento, desarrollamos nuevas habilidades. Esto es el resultado del trabajo constante, la práctica y el reaprendizaje continuo. Contrastó la mentalidad de crecimiento con una mentalidad fija, en la que las habilidades básicas, las aptitudes y la inteligencia se consideran invariables y más allá de toda alteración.

Esta mentalidad pone patas arriba las convenciones: el fracaso ahora puede equivaler al éxito, ya que las personas con esta mentalidad ven los reveses como oportunidades de aprendizaje. Ahí radica un círculo virtuoso que consiste en aprender, equivocarse y aprender más. Es ideal para los estudiantes preocupados a los que no les gusta equivocarse. Si se hace algo mal, significa que se puede aprender la lección para la próxima vez.

Investigaciones recientes sobre neuroplasticidad van de la mano de la teoría de la mentalidad de crecimiento. Los neurocientíficos han descubierto que el aprendizaje a través de la práctica mejora nuestra conectividad neuronal, es decir, las vías neurales del cerebro se fortalecen con la repetición.

Las escuelas y universidades están empezando a enseñar el aprendizaje a través de la mentalidad de crecimiento. Sin embargo, algunas argumentan que es otra forma de penalizar a los niños por no esforzarse. En un gran ensayo aleatorio de control en escuelas del Reino Unido, los estudiantes que habían recibido formación en mentalidad de crecimiento no obtuvieron mejores resultados. Además, las constantes evaluaciones de aprobado y suspenso de los sistemas educativos restan valor a cualquier beneficio obtenido a través de la mentalidad de crecimiento.

En pocas palabras

En la mentalidad de crecimiento, trabajar mucho y estar abiertos a experiencias nuevas condujeron a la mejora de capacidades, la resiliencia y el amor por el conocimiento.

Por qué es importante

Esta optimista teoría suele aplicarse en escuelas, universidades y empresas. Conclusión: nunca es demasiado tarde para cambiar.

Personajes clave

Brené Brown, n. 1965
Carol Dweck, n. 1946
Michael Merzenich,
 n. 1942

Conceptos relacionados

fuerza de voluntad,
p. 17
psicología positiva,
p. 29

¡Quiero ganar!

psicología del deporte

Los psicólogos del deporte estudian la influencia de los factores psicológicos en el rendimiento y la influencia del rendimiento en los factores psicológicos del deportista. Este ámbito se configuró como lo conocemos hoy día en la década de 1960. Desde entonces, ha sido plenamente reconocida como una ciencia interdisciplinaria que se basa en conocimientos de otras ciencias físicas como la fisiología y la biomecánica.

En 2018, Gareth Southgate, por entonces entrenador de la selección inglesa de fútbol, recurrió a la experiencia de la psicóloga deportiva Pippa Grange para ayudar a superar los contratiempos, gestionar la presión de los penaltis, generar confianza entre los jugadores y gestionar las expectativas en el torneo de la Copa Mundial de ese año. Se consideró una medida radical, pero fue muy útil para el equipo.

Los psicólogos del deporte suelen enseñar habilidades cognitivo conductuales a los jugadores a través del trabajo con su forma de ver el éxito y el fracaso, la identidad, la pérdida, la utilidad o el estrés, entre otros factores. Estas creencias pueden vincularse al presente, a competiciones anteriores o incluso a la infancia. También intentan ayudar a los jugadores a cultivar habilidades mentales como la resiliencia, la concentración y la autorregulación emocional a través de técnicas de visualización, fijación de objetivos y diálogo interno positivo.

Estos psicólogos trabajan con los jugadores, pero también con el sistema organizativo más amplio del deporte, formado por los directores de equipo o los entrenadores, para que ayuden mejor a sus equipos. La mentalidad de crecimiento es una parte de su arsenal de habilidades y técnicas.

En pocas palabras

La psicología del deporte aplica la técnica, la teoría y la investigación psicológicas para abordar el rendimiento y el bienestar de los deportes de equipo.

Por qué es importante

La salud física y mental y el rendimiento pueden mejorarse con la implementación de la teoría y el método de la psicología del deporte.

Personajes clave

Timothy Gallwey, n. 1938
Coleman Griffith, 1893–1966
John F. Murray, 1927–2020

Conceptos relacionados

neuroplasticidad, p. 27
efecto Dunning–Kruger, p. 49
resiliencia, p. 70

¡He ganado!

diálogo interno

El diálogo interno es la forma en la que se habla a sí mismo, su voz interior. Aunque está relacionado con la programación neurolingüística, solo es un pequeño componente de la técnica, ya que esta última comprende muchos más elementos psicológicos.

Comprender el proceso del diálogo interno y la comunicación intrapersonal es importante para gestionar la salud mental. Esto se debe a que el diálogo interno puede influir profundamente en su autoimagen y en lo que cree sobre sí mismo. Puede afectar a la toma de decisiones y a sus respuestas ante distintas situaciones. En psicología, particularmente en el campo de la terapia cognitivo conductual, el diálogo interno negativo suele estar relacionado con la ansiedad, el estrés y la depresión. Los psicólogos y terapeutas ayudan a las personas a ser más conscientes de sus patrones negativos de diálogo interno y a cuestionar sus juicios demasiado críticos. Una vez que se reconoce la severa voz interior negativa, puede aflorar un diálogo interno más positivo.

Las afirmaciones positivas son claves para el diálogo interno positivo. Reprograman la mente inconsciente y atenúan las creencias y el diálogo interno negativos. Para fomentar la positividad, los psicólogos recomiendan dejar mensajes positivos en la habitación para incorporar estas ideas a las vías neurales. Hágase con unas etiquetas y pruébelo.

Es algo recíproco: la forma en que nos hablamos a nosotros mismos influye en nuestros comportamientos, y estos pueden influir en nuestro diálogo interno. Adoptar una mentalidad de crecimiento puede ayudar a superar el diálogo interno negativo, al igual que la autocompasión y la atención plena, que nos ayudan a observar nuestro propio diálogo interno sin involucrarnos demasiado en nuestras narrativas negativas.

En pocas palabras
El diálogo interno es crucial para el desarrollo personal y el bienestar mental. Su diálogo interior da forma a sus pensamientos y conductas.

Por qué es importante
Todos tenemos una voz interior constante. Es útil ser consciente de lo que dice para que podamos trabajar en ello y, si es necesario, mejorar nuestro estado de ánimo.

Personajes clave
Thomas M. Brinthaupt
Alain Morin
Lev Vygotsky,
1896–1934

Conceptos relacionados
resiliencia, p. 70
terapia cognitivo conductual, p. 105

programación neurolingüística

Oprah Winfrey, Robbie Williams y Sophie Dahl son solo algunas de las celebridades que confían plenamente en el poder de la programación neurolingüística, una técnica que se aplica en contextos de crecimiento personal, desarrollo y *coaching*. Estudia la conexión entre procesos y patrones neurológicos, lingüísticos y conductuales. Desarrollada en la década de 1970 por Richard Bandler y John Grinder, en ese momento sirvió de modelo para que los profesionales replicaran los patrones de conducta de las personas con éxito. La técnica ha sido adoptada por algunos terapeutas y también por corporaciones y otros organismos oficiales.

La programación neurolingüística funciona a través de una serie de técnicas y «trucos» de comportamiento, como el modelaje, en el que se está con personas que admiramos o a las que queremos parecernos. El *mirroring* es otra técnica en la que el lenguaje del cuerpo se utiliza para conectar al instante con los demás: cuando se está hablando con alguien, el lenguaje corporal y el nivel de energía se equiparan con los del interlocutor. Esto suele ocurrir automáticamente, pero ser consciente de ello puede hacer que la interacción sea más beneficiosa para usted.

Esta técnica puede utilizarse para abordar problemas como fobias, depresión y ansiedad. Según sus defensores, esto se consigue en una sola sesión, argumentando que es un método muy valioso. Según sus detractores, no existen las soluciones neurológicas rápidas, y la programación neurolingüística es una pseudociencia. ¿Imaginarse sin fumar y repetir palabras e imágenes negativas relacionadas con el cigarrillo realmente puede hacer que deje de fumar?

En pocas palabras
Un planteamiento psicológico ampliamente utilizado: una forma de cambiar los pensamientos y las conductas de alguien para ayudarlo a lograr lo que quiere.

Por qué es importante
La programación neurolingüística ayuda a mejorar la comunicación, la confianza, la conciencia de uno mismo y la capacidad de liderazgo.

Personajes clave
Richard Bandler, n. 1950
John Grinder, n. 1940
Virginia Satir, 1916–1988

Conceptos relacionados
sueño/hipnosis, pp. 12–13
lavado de cerebro/lectura de la mente, pp. 42–43

¡Así quiero ser!

Jean Piaget

A Jean Piaget (1896–1980), probablemente la figura más influyente de la psicología del desarrollo, le fascinaba tanto la biología como la epistemología, el estudio de conocimiento científico. De hecho, estaba tan interesado que se doctoró por partida doble. En 1918, se doctoró en Zoología por la Universidad de Neuchâtel y, posteriormente, en Psicología por la Universidad de Zúrich, ambas en Suiza.

El trabajo más significativo de Piaget surgió de cientos de observaciones de niños, a partir de las cuales formuló su teoría de las etapas del desarrollo cognitivo, que postula que todos debemos atravesar dichas etapas clave antes de llegar a la edad adulta.

Descubrió que, cuando a los niños muy pequeños se les mostraba una fila de siete cuadrados y luego siete círculos, sabían que había el mismo número de elementos en cada conjunto. Si nos paramos a pensar, es una tarea de clasificación y categorización compleja: círculos, cuadrados, números, valoración. Piaget fue uno de los primeros que contribuyó a comprender cuándo y cómo se desarrolla este conocimiento.

En realidad, no se puede hablar de Piaget sin mencionar a su colega Lev Vygotsky, cuya teoría del desarrollo sociocultural dejó su impronta en los campos de la psicología y la educación. Vygotsky argumentó que aprendemos a través de las interacciones sociales y que la cultura moldea nuestra cognición. Los detractores aseguran que las teorías de Piaget son eurocéntricas y que el desarrollo cognitivo es más fluido de lo que él propuso. Sin embargo, su trabajo ha sido muy influyente en los ámbitos de la psicología, la educación y el desarrollo infantil en todo el mundo.

En pocas palabras
El primer psicólogo del desarrollo que abordó el aprendizaje del niño y su adquisición de conocimientos y habilidades de pensamiento.

Por qué es importante
Las teorías de Piaget han enriquecido nuestra comprensión de cómo construyen nuevos conocimientos los niños.

Personajes clave
Alison Gopnik, n. 1955
Lawrence Kohlberg, 1927–1987
Lev Vygotsky, 1896–1934

Conceptos relacionados

El aprendizaje infantil es formativo.

Erik Erikson

Al igual que Piaget, Erik Erikson (1902–1944) contribuyó de manera duradera a las teorías del desarrollo humano. Nació en Fráncfort y, cosa inusual en la época, fue criado en solitario por su madre. En la década de 1920, estudió Arte y Pedagogía. Posteriormente, se interesó por el psicoanálisis y estudió en la Sociedad Psicoanalítica de Viena. En 1933, comenzó a trabajar en la Universidad de Harvard como investigador y, al mismo tiempo, empezó un doctorado en Psicología (aunque no lo terminó). Después, se trasladó a la Universidad de Yale y a la Universidad de California, en Berkeley, para seguir su labor de investigador y trabajar en su consulta privada.

Erikson fusionó sus conocimientos del psicoanálisis con su interés por el desarrollo humano para crear la teoría del desarrollo psicosocial. Al igual que la de Piaget, la teoría de Erikson se define por etapas. Postula que el desarrollo de la personalidad depende directamente de la resolución de ocho crisis a lo largo del ciclo vital: por ejemplo, confianza versus desconfianza, intimidad versus aislamiento, e integridad versus desesperación. La teoría de las ocho etapas de Erikson amplió las cinco etapas de Freud para abarcar los últimos años, más allá de la niñez. Si no se completa cada etapa, se genera un sentimiento poco saludable de uno mismo. Por ejemplo, si tenemos problemas de intimidad en nuestras relaciones sentimentales (etapa 6 del modelo de Erikson), podemos regresar a la etapa 5 (identidad versus difusión de identidad) y encontrarnos a nosotros mismos. Según este modelo, si no superamos con éxito la etapa 6, es posible que nunca creemos vínculos significativos con los demás. Necesitaríamos ayuda de nosotros mismos o de otros para pasar a la siguiente etapa.

En pocas palabras
Postuló la teoría del desarrollo psicosocial. Dijo que, para lograr una personalidad equilibrada, una persona debe resolver con éxito una serie de conflictos.

Por qué es importante
Pese a las críticas respecto a la validez empírica y la especificidad cultural de su teoría, esta ha tenido una influencia duradera en nuestra forma de ver el mundo.

Personajes clave
Lawrence Kohlberg, 1927–1987
James Marcia, 1937–1965
Margaret Mead, 1901–1978

Conceptos relacionados
sabiduría, p. 45
reserva cognitiva, p. 59
inteligencia emocional, p. 136

Cada etapa de la vida lleva a la siguiente.

pensamiento lento

En su libro *Pensar rápido, pensar despacio* (2002), el psicólogo y escritor Daniel Kahneman afirma que hay dos tipos de pensamiento: el sistema 1, rápido, instintivo y emocional; y el 2, más lento, deliberado y lógico. Sugiere que todos podemos mejorar nuestra forma de tomar decisiones ralentizando deliberadamente nuestro pensamiento, haciéndolo más consciente y prolijo. Según Kahneman, el pensamiento lento se da con el sistema 2, que involucra la parte más reflexiva y analítica de la mente.

Ponga a prueba el pensamiento lento del sistema 2 para resolver este acertijo. Un bate y una pelota valen 1,10 € en total. Si el bate vale 1 € más que la pelota, ¿cuánto vale la pelota? Por intuición, suele decirse que 10 céntimos, pero la respuesta correcta es que la pelota vale 5 céntimos y el bate, 1,05 €.

El pensamiento lento implica concentración y, a veces, reflexión crítica, mediante la cual reducimos la velocidad lo suficiente como para considerar nuestras creencias subyacentes. Pensamos de dónde vienen nuestros pensamientos y por qué. Al hacerlo, tomamos decisiones más conscientes y objetivas. Este tipo de procesamiento analítico es útil a la hora de sopesar decisiones intuitivas, cuando podemos ser propensos a cometer errores. Las personas que piensan lentamente tienden a ser menos impulsivas (y pueden tener dificultades con las respuestas cuando las necesitan).

En nuestro mundo acelerado de Internet y tecnología de alta velocidad, el pensamiento lento nos permite dar un paso atrás, respirar, regular nuestras emociones y, después, llegar a un punto de vista que se base en una evaluación más considerada de la información disponible.

En pocas palabras
Requiere atención y concentración, y da una comprensión reflexiva y precisa de la situación.

Por qué es importante
Pensar despacio puede ayudar a las personas a mejorar la toma de decisiones minimizando sesgos cognitivos arraigados.

Figuras clave
Niels Geiger
Daniel Kahneman, 1934–2024
Amos Tversky, 1937–1996

Conceptos relacionados
memoria/olvido, pp. 40–41
sesgo de confirmación, p. 48
flashbacks/alucinaciones, pp. 62–63

pensamiento rápido

También conocido como pensamiento automático o intuitivo. En su libro *Pensar rápido, pensar despacio* (véase p. anterior), Daniel Kahneman lo describe como un pensamiento del sistema 1 en el que no se requiere esfuerzo. Es automático, frecuente, emocional, estereotipado e inconsciente. Los ejemplos de pensamiento rápido van desde leer un libro o conducir un coche hasta tener sesgos cognitivos e inconscientes sobre personas y situaciones. Kahneman da muchos ejemplos de este pensamiento, como cuando miramos arriba al oír un ruido fuerte o decimos «bien, gracias» cuando nos preguntan cómo estamos. Calcular 2 x 2 implica pensar rápido, a diferencia de pensar cuánto son 28 x 31. Haga la prueba y verá.

Las principales diferencias entre el pensamiento rápido y el pensamiento lento tienen que ver con el esfuerzo y la heurística. (Las heurísticas son atajos mentales o reglas básicas que ayudan a agilizar la toma de decisiones). A menudo, aunque no siempre, el pensamiento rápido está motivado por las emociones y es eficiente. Es útil en situaciones que requieren una respuesta rápida, como una emergencia, pero es igualmente útil para tomar decisiones rutinarias, como qué comer en el desayuno. El pensamiento rápido nos permite tomar decisiones sin un análisis extenso, ahorrando así energía para tareas más importantes.

En sus experimentos, Kahneman concluyó que el pensamiento rápido se asocia a la pereza, a sacar conclusiones precipitadas y a un concepto que él denominó WYSIATI (acrónimo en inglés de «lo que ves es lo que hay»). También analiza el papel de las heurísticas en el pensamiento rápido. El problema con este tipo de atajos, dice, es que pueden conducir a sesgos y errores inconscientes o incluso conscientes.

En pocas palabras
Pensamiento automático e inconsciente que tenemos todo el tiempo.

Por qué es importante
Tanto el pensamiento rápido como el pensamiento lento son valiosos y tienen distintas aplicaciones. Saber cuándo emplear cada tipo de pensamiento es clave para tomar buenas decisiones.

Personajes clave
Daniel Kahneman, 1934–2024
Richard Threlkeld Cox, 1898–1991

Conceptos relacionados
ceguera al cambio, p. 55
revaluación cognitiva, p. 65
prejuicio, p. 138

memoria

La memoria es un tema muy estudiado en psicología. Es una función cognitiva dinámica y compleja que implica la codificación, el almacenamiento y la recuperación de información. Da forma a nuestra identidad, permite aprender y ayuda a explorar toda la complejidad del mundo.

Los psicólogos consideran que la memoria es un sistema con distintos elementos. El primero se refiere a la codificación. Aquí es donde somos capaces de transformar las experiencias sensoriales de modo que pueda almacenarse en nuestro cerebro. Una vez codificada, la información puede almacenarse para su uso posterior. Los psicólogos cognitivos sugieren que hay distintos tipos de almacenamiento: la memoria a corto plazo y la memoria a largo plazo. La última etapa del sistema implica la recuperación, donde devolvemos a la conciencia los recuerdos almacenados para usarlos en tareas cognitivas.

La memoria a largo plazo conlleva la memoria episódica, que es la capacidad de recordar acontecimientos concretos de nuestras vidas; la memoria semántica, que está ligada a hechos y no a acontecimientos, y la memoria procedimental, cuando recordamos cómo realizar tareas específicas a nivel automático, como montar en bicicleta.

Muchos factores influyen en la formación de recuerdos. Dormir lo suficiente, por ejemplo, es imprescindible para consolidar recuerdos y organizar la información. De manera similar, los niveles de atención en los momentos de codificación también pueden afectar a dicha formación. La repetición y la práctica desempeñan un papel importante a la hora de trasladar los recuerdos de sistemas de corto a largo plazo. A veces recordamos a través de una asociación: un olor o una melodía que devuelven recuerdos a la conciencia. Es complicado, ¡seguro que lo recuerda!

En pocas palabras
Proceso cognitivo complejo que implica codificación, almacenamiento y recuperación de la información.

Por qué es importante
Una memoria operativa saludable es la base de todos los aspectos de nuestra salud mental y funcional. Sin ella estaríamos literalmente perdidos.

Personajes clave
Alan D. Castel
Elizabeth Loftus, n. 1944
Daniel Shachter, n. 1952

Conceptos relacionados

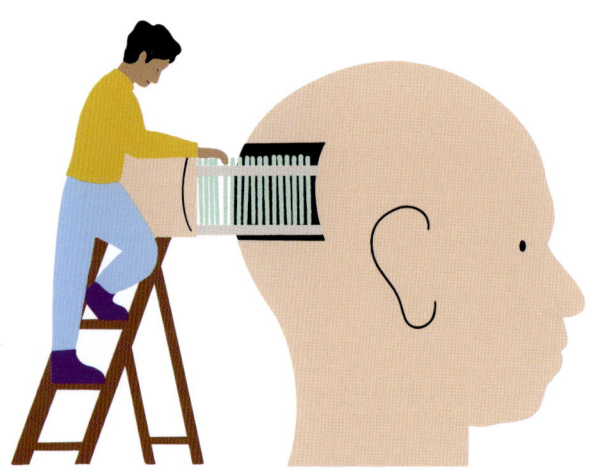

olvido

El olvido o la desmemoria, lo opuesto a la memoria, es una parte natural y habitual de la cognición. Es la aparente pérdida o modificación de información ya codificada y almacenada en nuestra memoria de corto o largo plazo. Se produce cuando no podemos recordar viejos recuerdos. Puede ser gradual o espontáneo.

Al igual que sucede con la memoria, hay muchas teorías del olvido que han sido analizadas en profundidad. En la década de 1880, el psicólogo alemán Hermann Ebbinghaus desarrolló su curva del olvido después de realizar experimentos de recuperación de palabras consigo mismo. Llegó a la conclusión de que mucho de lo que olvidamos se pierde poco después de haberlo aprendido. Pero también dijo que la cantidad de olvido se estabiliza con el tiempo.

Por la misma época, Sigmund Freud defendió que olvidamos las cosas para alejar los malos pensamientos y sentimientos. A este proceso lo llamó «represión». Hoy día, tendemos a dividir este proceso en el olvido motivado, que es la represión inconsciente, y la supresión o la evitación más consciente del pensamiento.

El olvido normal se produce constantemente: olvidamos nombres, detalles de números o acontecimientos que no se producen habitualmente. La causa más común tiene que ver con la retención de nueva información a medida que envejecemos, lo que se conoce como «teoría del deterioro». La amnesia es otro tipo de olvido, generalmente resultado de lesiones cerebrales, traumatismos neurológicos o traumas psicológicos como el maltrato.

En pocas palabras
Pérdida de información que había sido almacenada previamente en nuestra memoria a corto o largo plazo. Hay diversas teorías sobre cómo y por qué se produce.

Por qué es importante
Para comprender el proceso de olvido es importante saber qué puede ayudarnos en el futuro a recordar y aprender.

Personajes clave
Charlotte Bühler, 1893–1974
Hermann Ebbinghaus, 1850–1909

Conceptos relacionados
sueño, p. 12
amnesia, p. 98
córtex/sistema límbico, pp. 144–145

lavado de cerebro

«Control mental» y «persuasión coercitiva» son otros nombres de lo que, coloquialmente, se conoce como «lavado de cerebro». Se trata de la manipulación sistemática de creencias, emociones, pensamientos y conductas hasta el punto de que el sujeto adopta esas creencias y conductas. El lavado de cerebro suele implicar una brecha de poder y una influencia coercitiva que funciona para controlar las percepciones de la realidad.

Este procedimiento ganó notoriedad en la guerra de Corea de la década de 1950, cuando aparecieron informes de prisioneros de guerra estadounidenses que habían confesado públicamente sus errores. Al parecer, habían sido sometidos a un tipo de lavado de cerebro.

El objetivo es reprogramar las creencias y actitudes de una persona, reemplazando las que tiene por un nuevo marco ideológico. Existen varios elementos clave que deben estar presentes para que se produzca un lavado de cerebro, por ejemplo, aislamiento y técnicas de manipulación que favorezcan el sometimiento, como el adoctrinamiento repetitivo y el maltrato físico y emocional. Las prácticas sectarias del lavado de cerebro implican líderes carismáticos, dinámicas de grupo y rituales que afianzan un sistema de creencias. A los miembros de una secta se les disuade de disentir y se los somete a un refuerzo constante de la ideología del grupo. El flujo de información está controlado, y se infunde miedo e intimidación o se produce rechazo social si no se ciñen a las creencias dominantes.

La idea del lavado de cerebro se ha explotado con fines sensacionalistas, pero es innegable que la cuestión de si nuestras mentes pueden ser controladas o no despierta una fascinación generalizada y comprensible.

En pocas palabras
Procedimiento de presionar a alguien para que adopte creencias radicalmente diferentes.

Por qué es importante
Para mantener una sociedad racional y crítica, es útil apreciar los mecanismos detrás de la persuasión sistemática de los no creyentes.

Personajes clave
Steven Hassan, n. 1954
Daniel Pick
Philip Zimbardo, n. 1933

Conceptos relacionados
diálogo interno/programación neurolingüística, pp. 34–35
pensamiento rápido, p. 39
cerebro izquierdo/derecho, p. 148

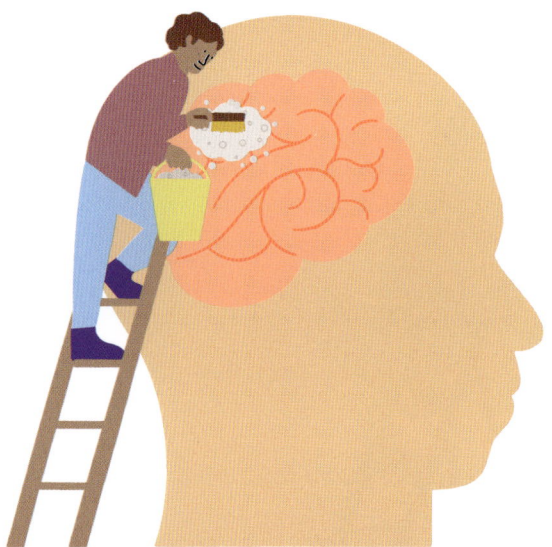

lectura de la mente

El concepto «lectura de la mente» evoca imágenes de gente de la farándula y feriantes que observan lo más profundo del alma y predicen el futuro más inmediato. Hay quien la asocia con la telepatía y utiliza ambos términos indistintamente. En realidad, la telepatía es la transferencia de información de una persona a otra sin recurrir a los sentidos ni el contacto directo; es competencia de los artistas. En 1927, la BBC llevó a cabo un experimento de telepatía con oyentes de radio. Les pidieron que identificaran cinco objetos diferentes que el personal del estudio había elegido para ver si la información podía transmitirse por las ondas. No hubo ni rastro de telepatía ni de lectura de la mente.

Psicológicamente hablando, la lectura de la mente se refiere a las percepciones y la capacidad de comprender los sentimientos y las experiencias de otra persona sin que esta los manifieste directamente. ¿Cómo es posible? A través de la percepción de señales no verbales, silencios, la forma de expresarse y la emoción que surge en una conversación. En realidad tiene que ver con la empatía y la escucha atenta. A menudo, usamos «lectura de la mente» metafóricamente y no en sentido literal.

Tanto la lectura de la mente como el lavado de cerebro se refieren a la capacidad de alguien de saber, o de que parezca que sepa, el estado mental de otra persona. Sin embargo, ambos procedimientos tienen significados y aplicaciones distintos. Mientras que el lavado de cerebro implica un aspecto manipulador y coercitivo, la lectura de la mente es más un proceso natural que se produce sin presión y generalmente está impulsado por el deseo de empatizar o conectar con otra persona.

En pocas palabras
Capacidad humana de discernir los pensamientos de los demás sin hablar de ellos, especialmente mediante el uso de poderes extraordinarios.

Por qué es importante
El nivel más básico de la lectura de la mente puede ayudarnos a comprender el punto de vista de otra persona y saber cuándo dice algo que no quiere decir del todo.

Personajes clave
Aaron Beck
Alain Morin
Frederic W. H. Myers

Conceptos relacionados
hipnosis, p. 13
inconsciente, p. 147
mente/cerebro,
pp. 154–155

inteligencia

La inteligencia humana es, en esencia, la capacidad de pensar y comprender. Se cree que está formada por una combinación de sistemas que nos permiten percibir, procesar y responder a la información. El término «inteligencia» empezó a popularizarse en la década de 1900, y la mayoría de los psicólogos creen que hay distintos tipos: inteligencia lógica, musical, visoespacial, interpersonal y lingüística. Estas categorías suelen dividirse en tres áreas generales: inteligencias analítica, práctica y creativa. Podemos emplear «inteligencia académica» e «inteligencia callejera» para distinguir a las personas que tienen inteligencia para los estudios frente a las que se desenvuelven fácilmente en el mundo real.

Hay cierto debate respecto a si la inteligencia es algo genético o se forma en el entorno y si puede explicarse desde el punto de vista neurológico. Lo más probable es que sea una combinación de ambos factores.

El estadístico inglés Francis Galton (1822–1911) fue el primero en crear una prueba estandarizada para medir la inteligencia. Posteriormente, el psicólogo francés Alfred Binet (1857–1911) desarrolló esta idea, y ahora hay muchas pruebas que están estandarizadas en diferentes poblaciones para evaluar distintos aspectos de la inteligencia. El concepto de cociente intelectual ha sido muy criticado por sus sesgos culturales y educativos. Según el psicólogo estadounidense David Wechsler, creador de la escala Wechsler de inteligencia, la inteligencia es «un constructo que implica una realidad subyacente, pero esta realidad debe inferirse a partir de observaciones conductuales».

En pocas palabras
Concepto creado por los humanos que describe todos los aspectos del aprendizaje, la adaptabilidad y la creatividad.

Por qué es importante
Puede ser útil saber nuestros puntos intelectuales fuertes y débiles para poder maximizar nuestro potencial en todas las áreas de vida y aprendizaje.

Personajes clave
Raymond Cattell, 1905–1998
Howard Gardner, n. 1943
Edward Thorndike, 1874–1949

Conceptos relacionados

sabiduría

La diferencia entre la sabiduría y la inteligencia tiene que ver con la aplicación del conocimiento. La sabiduría está en gran medida orientada al valor y, a menudo, se considera que una decisión es sabia si favorece el bien común. La cuestión no es lo que se hace o se piensa, sino «¿a quién o para qué sirve eso?».

Hay consenso en que ciertos procesos metacognitivos (es decir, pensar sobre el pensamiento) son imprescindibles para que haya sabiduría. Estos procesos tienen que ver con la reflexión, la autoconciencia, la visión de conjunto y la integración de perspectivas. Los psicólogos positivos definen la sabiduría como la coordinación de conocimiento y experiencia. En cambio, los psicólogos cognitivos defienden que la sabiduría debe comprender procesos cognitivos específicos como la humildad intelectual o la sensibilidad.

Igor Grossman y sus colegas descubrieron en un estudio de 2017 que hablar habitualmente en tercera persona aumenta los procesos cognitivos de la sabiduría: el compromiso, la integración, la sensibilidad y la perspectiva. De acuerdo con este fenómeno, que acuñaron como «paradoja de Salomón», las personas reflexionan más sabiamente sobre los problemas de los demás que sobre los propios.

Las personas sabias suelen ver la vida desde una perspectiva más reflexiva y tener una visión más amplia más desapegada y menos emocional. Tienden a tener más regulación o equilibrio emocional, por lo que no se obsesionan con las pequeñas molestias o minucias de las situaciones complejas.

En pocas palabras
La sabiduría está compuesta por una serie de cualidades analíticas, cognitivas y emocionales que permiten una comprensión holística de la vida.

Por qué es importante
La sabiduría contribuye al bienestar personal y social porque aporta empatía, valores morales y un planteamiento reflexivo de nuestra visión del mundo.

Personajes clave
Susan Bluck
Judith Glück, n. 1969
Igor Grossman

Conceptos relacionados
resiliencia, p. 70
inteligencia emocional/
teoría de la mente,
pp. 136–137

falsos recuerdos

¿Recuerda aquellas vacaciones en las que estaba convencido de haber pasado toda la semana en la playa (pero en realidad fue solo un día especial)? ¿O cuando su hermana menor le robó su jersey favorito (aunque, de hecho, se lo prestó)? Se trata de percances de memoria perfectamente normales, también conocidos como «falsos recuerdos». Si recuerda algo que no sucedió en absoluto, o lo recuerda de manera diferente a cómo sucedió, se trata de un falso recuerdo.

Una de las grandes impulsoras de la teoría del falso recuerdo es la psicóloga estadounidense Elizabeth Loftus. En la década de 1970 demostró la influencia de la sugestibilidad en la creación de falsos recuerdos a través de experimentos en los que los estudiantes veían películas de accidentes de tráfico. Cuando se les pedía que recordaran a qué velocidad iban los coches, las respuestas de los estudiantes variaban mucho en función de la formulación de la pregunta: ¿los coches «chocaron» o «se estrellaron»?

El falso recuerdo no solo se produce individualmente, sino a mayor escala y en la cultura popular. Mucha gente recuerda incorrectamente frases de películas o acontecimientos mundiales. Fiona Broome acuñó el término «efecto Mandela» después de descubrir que ella y otras personas estaban convencidas de que Nelson Mandela había muerto en la década de 1980, cuando en realidad lo hizo en 2013.

Las explicaciones psicológicas de este fenómeno provienen de la neurociencia y tienen que ver con la formación de esquemas, es decir, nuestros marcos de almacenamiento organizativo; la confabulación, que implica que el cerebro llene los espacios que faltan; la información engañosa posterior al evento, y la preparación, o sugestibilidad, antes de recordar el acontecimiento.

En pocas palabras
Recuerdos de experiencias y acontecimientos que nunca sucedieron. A menudo son detallados y vívidos, y las personas que los tienen realmente creen que son ciertos.

Por qué es importante
Nuestra forma de ver y recordar los acontecimientos es importante para nosotros personalmente, pero también lo es para los tribunales de lo penal.

Personajes clave
James Deese,
1921–1999
Pierre Janet, 1859–1947
Elizabeth Loftus,
n. 1944
Valerie F. Reyna,
n. 1955

Conceptos relacionados
psicopatía, p. 123
prejuicio/teoría del contacto, pp. 138–139

ilusiones

Las ilusiones son experiencias perceptivas en las que la información proveniente de estímulos externos reales crea falsas impresiones de un elemento o un acontecimiento. En otras palabras, el cerebro malinterpreta un estímulo real (esto es diferente de una alucinación, donde no hay estímulos correspondientes del mundo real). Las ilusiones pueden adoptar diversas formas y producirse a través de todos los sentidos. Se distinguen de los falsos recuerdos en que suceden «aquí y ahora» y no tienen que ver con el recuerdo.

Muchas ilusiones se producen de la misma manera en diferentes personas, un fenómeno que se cree que se debe a puntos en común en los mecanismos de procesamiento visual dentro de nuestros cerebros. La ilusión de Müller-Lyer es un buen ejemplo: dos líneas idénticas tienen distinta longitud en función de hacia dónde apunten las puntas de las flechas de cada extremo.

Hay quien quiere crear sus propias ilusiones y recurre a las drogas para ello. El LSD y el cannabis contienen sustancias psicotrópicas que perjudican la percepción sensorial y crean lo que, en su mayoría, no son más que ilusiones. Estas drogas se utilizan con fines recreativos, aunque los científicos occidentales están cada vez más interesados en el uso (controlado) de sustancias como la psilocibina, el alucinógeno de un hongo mágico, para aliviar la depresión, los traumas y otros trastornos psicológicos.

En entornos clínicos, los psicólogos trabajan con personas que experimentan ilusiones o alucinaciones visuales porque padecen síntomas de esquizofrenia. Los psiquiatras pueden recetarles medicamentos antipsicóticos para ayudarlos a alterar la química del cerebro.

En pocas palabras
Percepciones erróneas de información sensorial inmediata. Son la discrepancia entre la entrada sensorial y la interpretación de dicha entrada.

Por qué es importante
Nuestros sentidos nos pueden engañar. Debemos ser conscientes de esto para tener los pies en la tierra y no cometer errores potencialmente peligrosos.

Personajes clave
Hermann Ebbinghaus, 1850–1909
Ignaz Paul Vital Troxler, 1780–1866

Conceptos relacionados
sueño/hipnosis, pp. 12–13
viajes psicodélicos, p. 97
esquizofrenia, p. 100

¿Conejo o pato?

sesgo de confirmación

Un médico atiende a un paciente y hace un diagnóstico precoz. Busca síntomas que confirmen este diagnóstico e ignora otros datos. Esto es un ejemplo de sesgo de confirmación. El término se refiere a nuestra tendencia a favorecer la información que respalda nuestras propias creencias y descartar la que no encaja en nuestra visión del mundo. Puede influir mucho en la forma en la que tomamos decisiones.

El término lo acuñó el psicólogo inglés Peter Wason (1924–2003) en la década de 1970. Wason trabajó en la psicología del razonamiento, que intentaba explicar por qué las personas cometen errores lógicos persistentemente. Según él, el sesgo cognitivo se produce en diferentes etapas del procesamiento de la información. Por ejemplo, el sesgo de atención se da cuando nos centramos selectivamente en la información que confirma nuestro punto de vista, mientras que el sesgo de interpretación se produce cuando interpretamos la información según nuestras creencias, y no como la evidencia que tenemos frente a nosotros. Por último, el sesgo de recuerdo aparece cuando recordamos selectivamente o descartamos recuerdos.

El sesgo de confirmación influye en nuestras decisiones, lo que podría llegar a ser negativo. En contextos legales, puede provocar injusticias. Incluso afecta a las decisiones en el campo de la salud, ya que pasamos por alto pruebas que no concuerdan con nuestras creencias sanitarias.

Para superar el sesgo de confirmación, podemos potenciar la conciencia y la percepción y aplicar el pensamiento crítico, examinando reflexiva y objetivamente diversas fuentes de información. También debemos ser conscientes del impacto de las redes sociales en el sesgo de confirmación. Es molesto que los algoritmos personalizados nos muestren imágenes y mensajes que ya nos gustan.

En pocas palabras
Tendencia humana a preferir información y experiencias que confirmen lo que pensamos sobre el mundo.

Por qué es importante
Reconocer la existencia de sesgos y comprender cómo nos afectan puede influir en nuestra forma de interpretar la información y tomar decisiones para nosotros mismos y para el mundo.

Personajes clave
Peter Cathcart Wason, 1924–2003
David Perkins
Scott Plous

Conceptos relacionados
pensamiento rápido, p. 39
vergüenza, p. 81
inconsciente, p. 147

Hechos que creemos

Hechos y pruebas

Nuestras creencias

efecto Dunning–Kruger

El hábito humano de pensar que somos mejores de lo que realmente somos se conoce como efecto Dunning-Kruger, y es un tipo de sesgo cognitivo o de confirmación. En 1999, los psicólogos sociales David Dunning y Justin Kruger llevaron a cabo una serie de experimentos para estudiar la relación entre las capacidades de una persona y la valoración que esa misma persona hace de dichas capacidades. Por mucho que creamos que nos conocemos a nosotros mismos, resulta que somos incapaces de valorar con precisión nuestras propias capacidades.

Parece que las influencias contextuales como el género, por ejemplo, influyen en este sentido. En uno de los experimentos de 1999, mujeres y hombres obtuvieron los mismos resultados en un cuestionario de ciencias, pero, como era de esperar, las mujeres subestimaron su rendimiento, convencidas de que tenían menos conocimientos científicos que sus homólogos masculinos.

Se cree que este efecto puede deberse a una falta de metacognición: la capacidad de dar un paso atrás y ver las cosas desde fuera. La heurística (atajos mentales) es otra explicación. En el pensamiento heurístico, tomamos decisiones incorrectas demasiado deprisa y tendemos a ver patrones donde no existen, confundiéndolos con conocimientos. Otro mecanismo cognitivo puede actuar en aquellos momentos en los que tenemos muy pocos conocimientos (es decir, no sabemos lo que no sabemos) y, en consecuencia, sobrestimamos nuestras capacidades.

Todo el mundo es susceptible al efecto Dunning-Kruger. Incluso el científico más experto puede atribuirse conocimientos y sobrestimar lo brillante que es. La autocrítica, la práctica constante y la valoración de los demás nos ayudan a superar este sesgo cognitivo.

En pocas palabras
Sesgo cognitivo relacionado con una sobrestimación de nuestras propias capacidades.

Por qué es importante
Este efecto hace hincapié en la importancia de la conciencia de uno mismo, sobre todo respecto al género y otros sesgos, para valorar el rendimiento.

Personajes clave
David Dunning, n. 1960
Justin Kruger
Khalid Mahmood

Conceptos relacionados

atención plena

El *mindfulness*, o atención plena, consiste en estar totalmente presente en el momento: ser consciente de los pensamientos, los sentimientos y las sensaciones sin juzgarlos. Podría decirse que es la versión occidentalizada de la meditación, que proviene de antiguas tradiciones budistas. El padre de la atención plena en Occidente, Jon Kabat-Zinn (n. 1944), influenciado por sus viajes por carretera por la India, introdujo estas prácticas budistas en la medicina occidental.

Uno de los objetivos de la práctica de la atención plena es aplacar el murmullo del diálogo interior y crear conexiones más profundas con los momentos presentes de la vida. La conciencia del momento presente, la observación sin prejuicios, la concentración, la gratitud, la aceptación y la ecuanimidad (una forma de ser equilibrada e imparcial) son conceptos clave para una vida consciente. Podemos avanzar de alguna manera hacia la consecución de estos objetivos a través de la caminata y la respiración consciente y la práctica del escaneo corporal.

Cada vez se realizan más investigaciones en instituciones de todo el mundo para entender la relación entre la atención plena y el bienestar. En el Reino Unido, está el Centro de Investigación de Atención Plena de Oxford y, en Harvard (EE. UU.), el Centro Thich Nhat Hanh para la Atención Plena en la Sanidad Pública, llamado así por el monje budista vietnamita que también dio a conocer la atención plena en Occidente.

Las investigaciones demuestran que la práctica de la atención plena puede mejorar el bienestar físico y mental, impulsar la función cognitiva y conducir a una mejor regulación emocional y conciencia de uno mismo. No tiene por qué ser una meditación en una esterilla, sino que puede incorporarse a las actividades cotidianas como lavarse los dientes.

En pocas palabras
Profunda presencia y conciencia de uno mismo. Es un planteamiento de la vida centrado, resiliente y equilibrado.

Por qué es importante
A medida que la práctica y la investigación de la atención plena se aplican en más disciplinas, tienen el potencial de promover la salud mental y fomentar una sociedad más consciente y compasiva.

Personajes clave
Tara Brach, n. 1953
Jon Kabat-Zinn, n. 1944
Thich Nhat Hanh, 1926–2022

Conceptos relacionados
psicología positiva, p. 29
ansiedad/depresión, pp. 88–89
inconsciente, p. 147

mente errante

Quizás todo lo contrario a la atención plena, la mente errante no es planificada ni intencionada. Desvía nuestra atención de lo que estamos haciendo ahora mismo, en este momento, a algo completamente ajeno. La mente errante nos lleva de los recuerdos del pasado a la planificación del futuro, a los rencores y obsesiones. A menudo se concibe como un pensamiento espontáneo, como si soñáramos despiertos. ¿El mejor antídoto contra la mente errante? La atención plena, por supuesto.

Algunos neurocientíficos creen que la mente errante está conectada a la red neuronal por defecto, también conocida como red frontoparietal media. Supuestamente, esta red de neuronas está conectada con el pensamiento autorreferencial, la introspección y la exploración mental. Sin embargo, hay objeciones a esta opinión y se están realizando investigaciones sobre los elementos neurológicos de la mente errante.

A veces, puede ser de gran utilidad y ayudarnos a regular las emociones y proporcionarnos espacio para procesar los sentimientos. Algunas divagaciones mentales pueden traducirse en uno de esos maravillosos momentos de revelación, como cuando por fin desciframos un crucigrama mientras hacemos algo que, aparentemente, no tiene nada que ver con eso. Los psicólogos cognitivos argumentan que la mente errante nos ayuda a consolidar recuerdos pasados y a planificar el futuro.

El inconveniente es que desviar la atención puede generar una falta de rendimiento. Podría provocar fallos de concentración e incluso accidentes. La mente errante negativa y excesiva puede tener un efecto perjudicial en el bienestar emocional, por lo que hay que ser consciente de ello.

En pocas palabras
Cambio de atención espontáneo e involuntario hacia imágenes y pensamientos autogenerados, a menudo sin relación con el momento presente.

Por qué es importante
La mente errante puede darnos una idea de nuestros problemas y prioridades no reconocidos, dirigiéndonos a lo que necesita mayor atención en nuestras vidas.

Personajes clave
Michael Kane
Rebecca McMillan
Jonathan Smallwood, n. 1975

Conceptos relacionados
procrastinación, p. 57
soledad no deseada/
soledad deseada,
pp. 132–133
inconsciente, p. 147

sinestesia

Para algunas personas, las notas musicales son un arcoíris de colores, mientras que otras perciben una relación parecida a los dibujos animados entre el movimiento y el sonido, de modo que, por ejemplo, oyen un «¡zum!» cuando pasa algo por su lado. Estas personas padecen sinestesia, y experimentan más de un sentido simultáneamente.

La sinestesia se produce cuando el cerebro dirige la información sensorial a través de múltiples sentidos no relacionados. Hay diferentes tipos de sinestesia. Quizás la más conocida sea la auditivo-visual antes mencionada, en la que el sonido, la música o, a veces, el habla se relacionan con colores. Alguien que padece este tipo de sinestesia tiene una experiencia visual clara además de escuchar sonidos. La sinestesia tacto-espejo se produce cuando alguien ve que algo le sucede a otra persona, pero lo siente como si le pasara a ella.

No se entiende del todo por qué sucede esto. Los neurólogos sospechan que tiene algo que ver con una activación cruzada atípica entre diferentes regiones del cerebro, lo que lleva a una combinación de experiencias sensoriales. El estudio de las imágenes por resonancia magnética funcional o el electroencefalograma permiten descubrir más áreas de conectividad.

Es probable que la sinestesia sea hereditaria, y suele descubrirse en la infancia. Las estimaciones sobre su incidencia varían, pero algunos estudios sugieren que 1 de cada 200 personas podría padecerla. Para algunas de ellas puede ser una experiencia maravillosa, como los artistas, que pueden incorporar sus percepciones a su obra. Para otras, en cambio, puede resultar abrumadora.

En pocas palabras

Fenómeno poco común, en el que la interacción de las vías neurales conectivas del cerebro hacen que las personas perciban un sentido a través de la vía de un segundo.

Por qué es importante

El estudio de la sinestesia arroja luz sobre la percepción sensorial en todos nosotros, mostrando la delicada interacción entre los sentidos y cómo esto crea distintas realidades.

Personajes clave

Francis Galton, 1822–1911
Henry Paige

Conceptos relacionados

daltonismo

Aunque el daltonismo sea similar a la sinestesia, en el sentido de que existe un problema con el procesamiento de la información sensorial, son trastornos distintos. También llamado deficiencia en la visión de los colores, el daltonismo hace que alguien vea los colores de manera distinta a la mayoría de las personas, que tenga dificultades para diferenciarlos. En el daltonismo, cuesta obtener una percepción precisa, mientras que en la sinestesia el problema tiene que ver con percepciones multimodales que no pueden controlarse.

La forma más común de daltonismo es la que no permite distinguir entre verdes y azules. Pero hay otros tipos. El monocromatismo es la ausencia total del color, en la que el mundo se ve en escala de grises (es extremadamente raro). La tritanopia, o daltonismo entre azul y amarillo, se debe al mal funcionamiento o la ausencia de células que detectan longitudes de onda cortas.

¿Cómo se puede saber si alguien es daltónico? La prueba de puntos de Ishihara es el método de diagnóstico más común. La prueba, que lleva el nombre de su creador, Shinobu Ishihara, profesor de la Universidad de Tokio, consiste en descifrar los números que aparecen en una serie de láminas con puntos de colores.

El daltonismo muchas veces se hereda (principalmente, a través del cromosoma X), pero también se puede adquirir debido a una lesión cerebral, la edad, una enfermedad o una deficiencia de vitaminas. Puede influir en cualquier entorno en el que la información esté codificada por colores.

En pocas palabras
Las personas daltónicas pueden ver los colores de manera distinta a los demás. La mayoría de las veces, esta alteración hace que resulte difícil distinguir los colores.

Por qué es importante
Cuando una persona no puede ver toda la gama de colores con precisión, pueden generarse dificultades en entornos académicos y en las actividades cotidianas.

Personajes clave
John Dalton,
1766–1844
Shinobu Ishihara,
1879–1963
Semir Zeki, n. 1940

Conceptos relacionados
sueño/hipnosis,
pp. 12–13
córtex/sistema límbico,
pp. 144–145
cerebro izquierdo/
derecho, p. 148

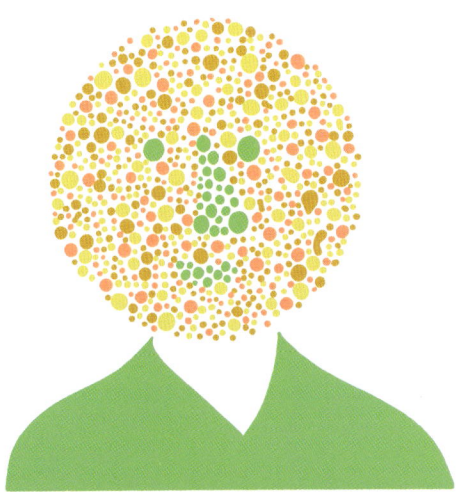

atención

William James fue el primer psicólogo que, en 1890, investigó el concepto de la atención humana. Lo definió como «el proceso por el que la mente toma posesión, de forma vívida y clara, de uno de los diversos objetos o trenes de pensamiento que aparecen simultáneamente». Nuestra atención (la capacidad de procesar activamente información concreta de nuestros entornos mientras nos desconectamos de otros detalles o distracciones irrelevantes) nos ayuda a dar sentido al mundo que nos rodea.

Los psicólogos ahora saben que los procesos clave de este concepto son la atención sostenida, también conocida como vigilancia; la atención alternante, o capacidad de realizar múltiples tareas; la atención ejecutiva, que implica la coordinación de procesos para gestionar información conflictiva, y la atención selectiva, o concentración en estímulos específicos.

Un ejemplo de esto último es lo que se conoce como el «efecto de fiesta de cóctel»: cuando estamos en medio de una conversación interesante con alguien en una fiesta y, de repente, miramos a otro lado porque oímos que dicen nuestro nombre al otro lado de la habitación. Los psicólogos sugieren que el recuerdo sensorial del cerebro puede segregar estímulos auditivos de manera subconsciente para que nos alerte del sonido de nuestro nombre, incluso cuando estamos concentrados en otra cosa.

El modelo de filtro de Donald Broadbent fue una teoría cognitiva pionera en esta área que proponía que la atención actúa como un filtro que permite que solo la información seleccionada pase a través de la conciencia. Esto se relaciona con la teoría más reciente del sesgo cognitivo de Daniel Kahneman, según la cual los recursos de la atención son limitados y deben asignarse estratégicamente.

En pocas palabras
Proceso cognitivo dinámico que da forma a la percepción de nuestro mundo: procesamos información específica, mientras ignoramos otros detalles.

Por qué es importante
Necesitamos atención para poder resolver problemas, recordar, comunicar y llevar a cabo todas las tareas cotidianas.

Personajes clave
Donald Broadbent, 1926–1993
William James, 1842–1910
Daniel Kahneman, 1934–2024

Conceptos relacionados
sesgo de confirmación, p. 48
reserva cognitiva, p. 59
ansiedad, p. 88

ceguera al cambio

La gente con ceguera al cambio no detecta ni siquiera los cambios más notables de las escenas visuales. Hay una brecha entre lo que realmente está cambiando y lo que se ve. Dicha ceguera cuestiona la idea de que tomamos una «instantánea» visual de una escena de una sola vez.

George McConkie fue uno de los primeros científicos que realizó un estudio de la ceguera al cambio en la década de 1970. Comprobó los movimientos oculares de los participantes mientras se cambiaban palabras y textos ante ellos. Cuando se añadían nuevas palabras a un texto, una cantidad significativa de participantes no se daba cuenta.

Al parecer, esta ceguera está relacionada con las teorías de la atención, en concreto del área de los recursos atencionales. Todo apunta a que, cuando se centra la atención en un aspecto concreto de un texto o una escena visual, cuesta detectar otros cambios simultáneamente.

Las causas se atribuyen a una capacidad de atención limitada, por la que las personas no pueden procesar una escena completa a la vez. También a los movimientos sacádicos, cuando los desplazamientos oculares rápidos suprimen la atención, de modo que los cambios que se producen en intervalos breves pueden no registrarse. Y, por último, a la inercia cognitiva, por la que la mente se resiste a reconocer divergencias de lo esperado en un determinado escenario.

En pocas palabras
La ceguera al cambio nos demuestra que, aunque veamos los hechos, no siempre los percibimos del todo.

Por qué es importante
El conocimiento de la ceguera al cambio tiene implicaciones para la psicología y el procesamiento mental, así como para el diseño y el suministro de información.

Personajes clave
George McConkie
Ronald Rensink
Alison Tollner-Burngasser

Conceptos relacionados
consciente/inconsciente, pp. 146–147
escáner cerebral/electroencefalograma, pp. 150–151

toma de decisiones

¿Cuál fue la última decisión que tomó? ¿Qué desayunar? ¿Cuándo cruzar la calle?

La toma de decisiones es un proceso de razonamiento cognitivo basado en las creencias y preferencias de quien decide. Los psicólogos sugieren que depende en buena medida del contexto, con diferentes respuestas en función de la situación. Iba a tomar solo una taza de té, pero, como su amigo ha pedido un desayuno completo, ha cambiado de opinión. Nuestras decisiones muchas veces van ligadas a las de otras personas. Todo depende del contexto.

Los sesgos cognitivos conscientes e inconscientes también influyen mucho en la forma en que tomamos decisiones. Por ejemplo, es posible que contratemos a un candidato para el puesto que sea como nosotros: esto significa que el sesgo inconsciente está en acción.

La investigación naturalista sobre la toma de decisiones, que tiene lugar en entornos de la vida real, demuestra que, en situaciones con menos tiempo, mayor presión o mayores riesgos (entornos médicos, por ejemplo), las personas utilizan más el pensamiento rápido e intuitivo. Aunque, a la inversa (en situaciones de emergencia, por ejemplo), puede producirse una parálisis del análisis: somos incapaces de tomar decisiones porque hay tanta información que abruma. Su hijo ha resbalado y se ha roto la pierna, pero usted se queda paralizado sin saber qué hacer. En parte por este motivo, en hospitales, aviones y otros contextos parecidos cuentan con protocolos de emergencia. Podemos quedarnos estancados, repasando la información una y otra vez por miedo a tomar una decisión equivocada, y los protocolos pueden sacarnos de este bucle.

En pocas palabras
Aspecto complicado de la cognición humana. Psicólogos de las ramas neurológica, social y cognitiva estudian este fenómeno.

Por qué es importante
Comprender cómo se toman las decisiones y saber cuáles son las dificultades para una toma de decisiones efectiva pueden crear sociedades más seguras y menos conflictivas.

Personajes clave
Erich Brockmann
Antonio Damasio,
n. 1944
Herbert A. Simon,
1916–2001

Conceptos relacionados
pensamiento rápido,
p. 39
sesgo de confirmación,
p. 48
estados de ánimo,
p. 66

procrastinación

Este es el polo opuesto de la toma de decisiones, y no se limita a los humanos. Los experimentos han demostrado que las palomas prefieren realizar una tarea compleja postergada que una acción inmediata y fácil. A todo el mundo le gusta posponer las cosas. Muchos de nosotros conoceremos la procrastinación y sus consecuencias negativas: aumento del estrés, reducción de la productividad y pérdida de oportunidades.

¿Por qué postergamos algo cuando sabemos que no es bueno para nosotros? El perfeccionismo podría ser parte de la respuesta, y muchas veces va de la mano de la procrastinación. Anhelando lograr la calificación perfecta, retrasamos la redacción del trabajo para evitar decepciones si no la obtenemos. Sin embargo, la procrastinación puede depender de la cultura. Según un estudio realizado por Shazia Rehman en 2023, los estudiantes de las culturas occidentales tienden a postergar para evitar hacer algo peor de lo que han hecho antes, mientras que los de culturas no occidentales tienden a hacerlo para evitar parecer estúpidos frente a sus compañeros.

Cuando nos enfrentamos a una tarea difícil, el replanteamiento y el diálogo interno pueden ayudarnos a actuar. ¿No le gusta limpiar la cocina? Piense lo siguiente: «Quedará reluciente cuando termine. Limpiar con energía es un buen ejercicio. Incluso puedo escuchar música mientras lo hago». El replanteamiento es un antídoto contra la procrastinación, al igual que un poco de autocrítica: investigar qué es exactamente lo que estamos evitando y ponerle nombre puede ayudarnos a pasar a la acción.

En pocas palabras
Retraso o aplazamiento intencionado de tareas que provoca un desfase entre la intención y la acción. Puede provocar estrés, baja autoestima y frustración.

Por qué es importante
Examinar por qué estamos procrastinando puede llevarnos a explorar ideas sobre el éxito, el fracaso, la confianza y la tristeza. Puede ayudarnos a seguir adelante y crecer.

Personajes clave
Roy Baumeister, n. 1953
Timothy A. Pychyl
Dianne Tice

Conceptos relacionados
atención/ceguera al cambio, pp. 54–55
estrés/síndrome de desgaste profesional, pp. 76–77
perfeccionismo, p. 91

bilingüismo

Las personas bilingües usan dos idiomas indistintamente: pueden hablar, entender, leer y escribir ambos con fluidez.

El bilingüismo simultáneo se da en bebés y niños pequeños que están expuestos a dos lenguas a una edad muy temprana, normalmente por debajo de los tres años. Esto suele ocurrir en hogares multilingües donde los padres o abuelos provienen de diferentes países. No es cierto el mito de que los niños pequeños pueden confundirse si se hablan dos idiomas en casa, aunque es verdad que los niños bilingües pueden empezar a hablar un poco más tarde que sus compañeros.

El bilingüismo secuencial se da después de que un niño haya desarrollado una primera lengua. Suele evolucionar a través de las experiencias vitales, como irse a vivir a otro país, y la educación formal o informal.

Desde una perspectiva psicológica, es interesante investigar los mecanismos neurológicos y cognitivos del bilingüismo. Los psicólogos sociales y clínicos exploran las complejidades de cómo las personas con dos lenguas se identifican con ambas culturas, cómo esto varía en diferentes contextos y también cómo son percibidas por los demás.

Las investigaciones han demostrado que el bilingüismo ofrece beneficios cognitivos. Los estudiantes bilingües pueden tener ventajas en flexibilidad cognitiva, resolución de problemas y conciencia metalingüística, es decir, la capacidad de reflexionar sobre la estructura y las convenciones del lenguaje. En consecuencia, en algunas escuelas (de Gales o Irlanda, por ejemplo), el bilingüismo está incluido en las políticas institucionales y nacionales.

En pocas palabras
Dominio de dos idiomas. Puede darse a una edad temprana o adquirirse posteriormente.

Por qué es importante
Comprender los mecanismos del bilingüismo contribuye a nuestra apreciación de la diversidad lingüística y puede ayudar a las instituciones a apoyar diversos grupos y sociedades.

Personajes clave
Jim Cummins, n. 1949
Wallace Lambert, 1922–2009
Elizabeth Peal

Conceptos relacionados
neuroplasticidad, p. 27
dislexia, p. 61
gemelos, p. 118

reserva cognitiva

Este es el término utilizado para describir la capacidad de la mente para soportar los cambios relacionados con la edad y el daño neurológico mientras se mantiene la función cognitiva. El concepto se originó a finales de la década de 1980, cuando los investigadores describieron a individuos sin síntomas aparentes de demencia. Al hacerles la autopsia, se les detectaron cambios cerebrales acordes con una enfermedad de Alzheimer avanzada. Estas personas no mostraron síntomas de la enfermedad en vida porque tenían suficiente reserva cognitiva para compensar el daño y continuar como de costumbre.

Investigaciones más recientes han demostrado que las personas con mayor reserva cognitiva son más capaces de evitar los cambios cerebrales degenerativos asociados con la demencia, la enfermedad de Parkinson, el infarto cerebral u otras enfermedades. El estilo de vida influye mucho en el desarrollo y el mantenimiento de la reserva cognitiva: llevar una dieta vegetariana, hacer ejercicio regularmente, dormir lo suficiente, controlar el estrés, fomentar las relaciones sociales y seguir estimulando el cerebro de diferentes maneras. Indudablemente, aprender un nuevo idioma también forma parte de esta lista. En este sentido, el bilingüismo está relacionado con la reserva cognitiva.

Según la hipótesis de la reserva cognitiva, las personas con cerebros más grandes y mayor densidad neural pueden tener más reserva cognitiva. Un cerebro más grande puede proporcionar más recursos neurales, lo que equilibra déficits en otras áreas. Las personas con un mayor nivel de reserva cognitiva muestran un procesamiento cognitivo más eficiente, lo que permite al cerebro compensar los cambios o daños neurológicos relacionados con la edad mediante el uso de redes neurales alternativas.

En pocas palabras
Describe la capacidad resiliente y adaptable del cerebro para mantener la función cognitiva ante el envejecimiento y la enfermedad o el daño neurológico.

Por qué es importante
La investigación en esta área tiene implicaciones para comprender las diferencias individuales en el envejecimiento y las intervenciones que fomentan la buena salud cognitiva a medida que envejecemos.

Personajes clave
Daniel Barulli
Yaakov Stern

Conceptos relacionados
programación neurolingüística, p. 35
enfermedad de Alzheimer/enfermedad de Parkinson, pp. 152–153

afasia

La afasia, a veces llamada disfasia, es un trastorno del lenguaje que afecta a nuestra forma de comunicarnos, hablar, entender, leer y escribir. Suele estar causada por daños en los centros del lenguaje del cerebro.

La afasia puede manifestarse de muchas maneras, en función de dónde se encuentre el daño cerebral y el alcance del daño. Las causas de la afasia por daño cerebral incluyen el infarto cerebral, lesiones cerebrales repentinas por impacto o infección, tumores o enfermedades neurodegenerativas como el Alzheimer.

Existen varios tipos de afasia, con diferentes nombres y en distintos lugares del cerebro. Las personas con afasia de Broca, generalmente causada por un daño en el área del cerebro de Broca, en el lóbulo frontal izquierdo, a menudo pronuncian oraciones cortas, con una comprensión relativamente escasa. La afasia de Wernicke afecta principalmente a la comprensión del lenguaje, y quienes la padecen emiten un habla fluida pero sin sentido y tienen dificultades para comprender el lenguaje escrito. A menudo crean neologismos, palabras recién inventadas. La afasia anómica se caracteriza por las dificultades para encontrar palabras.

La terapia del habla y el lenguaje y la rehabilitación cognitiva que se centra en los juegos de memoria y el funcionamiento cognitivo general son los principales tratamientos para la afasia. Las psicoterapias y los grupos de apoyo y de terapia familiar también son útiles. Algunas personas mejoran mucho con este tipo de intervenciones, pero otras cambian muy poco. La mejora suele estar relacionada con la gravedad y la ubicación de la lesión, así como con las diferencias individuales.

En pocas palabras
Trastorno complejo del lenguaje causado por el daño en los centros del lenguaje del cerebro. Esto influye en todos los ámbitos de la comunicación.

Por qué es importante
Los psicólogos y otros profesionales pueden ofrecer intervenciones útiles para quienes padecen afasia. La investigación es vital para crear tratamientos de rehabilitación en esta área.

Personajes clave
Paul Broca, 1824–1880
Armand Trousseau, 1801–1867
Carl Wernicke, 1848–1905

Conceptos relacionados
cerebro izquierdo/ derecho / lateralización, pp. 148–149
mente/cerebro, pp. 154–155

dislexia

Se cree que esta enfermedad neurológica se da en casi el 10% de la población. Afecta a la capacidad de leer, escribir y deletrear. Como en la afasia, la forma en que el cerebro procesa la información no funciona plenamente. Sin embargo, esto no se debe a ninguna lesión. Se desconocen las causas exactas de la dislexia, pero se cree que la genética desempeña un papel importante en el desarrollo cerebral de las personas que la padecen.

Los disléxicos tienen dificultades para decodificar, reconocer y deletrear palabras. Hasta hace poco, este trastorno se calificaba erróneamente de estupidez o falta de capacidad, lo que repercutía en la autoestima de las personas que lo padecían. Es indudable que las cosas han cambiado y ahora la dislexia se reconoce en las aulas, el lugar de trabajo y las universidades.

Las personas con dislexia tienen dificultades con la conciencia de los fonemas y la capacidad de identificar sonidos individuales dentro de las palabras. Les cuesta convertir la palabra escrita en habla y tienen problemas de fluidez lectora. Suelen ser lectores mucho más lentos que los que no padecen este trastorno. Los problemas para aplicar las reglas de ortografía, las dificultades con la inversión de letras como la b y la d, así como las limitaciones en la memoria de trabajo hacen que la vida académica sea más complicada para los disléxicos. Los profesores y otras personas pueden ayudar a diseñar intervenciones útiles para abordar las necesidades de aprendizaje únicas de cada individuo.

Cada vez hay más grupos de defensa y concienciación sobre la dislexia, con rostros famosos (Keira Knightley y Richard Branson son disléxicos conocidos) que intentan fomentar la sensibilización y acabar con los mitos.

En pocas palabras
Dificultad de aprendizaje concreta que afecta a las habilidades que intervienen en la lectura y la ortografía precisas y fluidas.

Por qué es importante
Si podemos identificar las tendencias disléxicas tempranamente e intervenir con estrategias de apoyo, la persona puede alcanzar su verdadero potencial y, en consecuencia, tener una mayor autoestima.

Personajes clave
Oswald Berkhan, 1834–1917
Rudolf Berlin, 1833–1897

Conceptos relacionados
memoria/olvido, pp. 40–41
atención, p. 54
bilingüismo, p. 58

flashbacks

Los *flashbacks* son experiencias vívidas en las que revivimos aspectos de un evento traumático o sentimos como si estuviera sucediendo ahora mismo. En los *flashbacks* somáticos, la mente y el cuerpo reaccionan en consecuencia, creando las mismas sensaciones en el sistema nervioso y haciendo que el paciente se sienta como si estuviera de nuevo en el suceso original: sin aliento y con taquicardia, sudoración, miedo, pánico, etc.

Se han realizado muy pocas investigaciones experimentales sobre los *flashbacks* porque los expertos consideran que sería demasiado incómodo y poco ético estudiar estas experiencias de recuerdo frágiles e involuntarias. Sin embargo, se han investigado los *flashbacks* tal como ocurren en el mundo real con personas que han sufrido traumas de maltrato, violencia o guerra. Los *flashbacks* casi siempre están relacionados con síntomas del trastorno de estrés postraumático, que se produce como consecuencia de traumas como agresiones sexuales, acoso escolar e incluso el parto.

Las personas que tienen *flashbacks* a veces describen la experiencia como un vídeo de sucesos que se les reproduce en la mente. Se pueden desencadenar mediante una señal o un recordatorio vinculado a la experiencia externa real, por ejemplo, un fuerte golpe para un veterano de guerra.

Las teorías sobre la función y el propósito de los *flashbacks* varían, pero muchos psicólogos creen que son un mecanismo de afrontamiento que ayuda a los supervivientes de traumas a dar sentido a sus experiencias. Al revivir los acontecimientos traumáticos mediante esta experiencia, se cree que podemos llegar a aceptarlos y ganar control sobre lo que nos ha sucedido.

En pocas palabras
Recuerdos que surgen en la conciencia de una persona, incluso cuando no lo planea o no quiere recordar. Se asocian principalmente con el trastorno de estrés postraumático.

Por qué es importante
Para ayudar a las personas que sufren estrés postraumático y aliviar este trastorno, necesitamos comprender el funcionamiento de los *flashbacks*.

Personajes clave
Alan Baddeley, n. 1934
Chris Brewin, n. 1953
Hermann Ebbinghaus, 1850–1909

Conceptos relacionados
ilusiones, p. 47
mente errante, p. 51
viajes psicodélicos, p. 97

alucinaciones

Tanto las alucinaciones como los *flashbacks* implican percepciones alteradas, pero la principal diferencia entre ambos se refiere a las fuentes de percepción. Las alucinaciones tienen que ver con percepciones que no son y nunca fueron verdad. En cambio, con los *flashbacks* se vuelven a experimentar eventos pasados que fueron muy reales. Las alucinaciones pueden resultar muy agotadoras para la persona que las experimenta. Se pueden percibir a través de cualquiera de los cinco sentidos y suelen estar asociadas con afecciones médicas y psiquiátricas como la esquizofrenia y el trastorno bipolar.

El contenido emocional de las alucinaciones esquizofrénicas puede resultar inquietante, y muchas veces se manifiesta como una voz que insulta al sujeto. El 55% de las alucinaciones auditivas de los esquizofrénicos tiene un contenido malicioso. Algunas personas que oyen voces controlan estas alucinaciones auditivas, mientras que otras se hacen amigas de ellas. Las alucinaciones visuales también suelen estar presentes en los esquizofrénicos. Pueden ser ilusiones visuales o distorsiones de estímulos externos reales.

Las alucinaciones como escuchar voces no las experimentan solo las personas con esquizofrenia. En una pequeña encuesta de 2015, se descubrió que personas con distintos diagnósticos psiquiátricos oían voces. Algunos de estos trastornos eran la bipolaridad, la depresión y el trastorno de ansiedad generalizada. El conocido neurólogo británico Oliver Sacks describió las voces que oía él mismo.

Las personas sin trastornos psiquiátricos también pueden experimentar alucinaciones cuando consumen sustancias que alteran la mente, como cannabis, cocaína y anfetaminas.

En pocas palabras
Percepciones falsas que no existen en nuestros entornos externos.

Por qué es importante
Estudiar las alucinaciones inducidas por fármacos o relacionadas o no con un trauma es imprescindible para comprender el funcionamiento de la mente y ofrecer intervenciones terapéuticas adecuadas.

Personajes clave
Richard Bentall, n. 1956
David Rosenhan, 1929–2012

Conceptos relacionados
estados de ánimo, p. 66
viajes psicodélicos, p. 97
inconsciente, p. 147

disonancia cognitiva

Sabemos que fumar es perjudicial para la salud, pero, aun así, fumamos. Esto crea una sensación de malestar en nuestro interior, de modo que algo tiene que cambiar. Podríamos dejar de fumar para que nuestros valores y conductas estén en consonancia. O podríamos restar importancia a los riesgos para la salud asociados al tabaquismo...

La disonancia cognitiva es un fenómeno psicológico que se produce cuando mantenemos dos creencias contradictorias al mismo tiempo. Es el sentimiento de malestar que tenemos cuando nuestras conductas no son afines a nuestros valores y creencias. La mayoría de las veces, este malestar nos llevará a paliar esta contradicción y tratar de restablecer una sensación de armonía interna. Podemos hacer esto cambiando temporalmente nuestras creencias o bien nuestras conductas.

El psicólogo cognitivo estadounidense Leo Festinger postuló esta teoría en 1957. Propuso que las personas se esfuerzan por lograr coherencia psicológica para moverse cómodamente por el mundo. Afrontar ideas paradójicas o contradictorias es estresante y requiere mucha energía, por lo que cambiamos de alguna manera para hacernos la vida más fácil.

Este concepto es útil en psicoterapia y puede usarse para desarrollar intervenciones que ayuden a facilitar el cambio. Asimismo, en entornos educativos va bien utilizar la disonancia cognitiva para inducir el aprendizaje e incluso concienciar sobre valores y conductas.

En pocas palabras
Malestar que las personas experimentan cuando sus creencias y valores no coinciden con sus conductas.

Por qué es importante
Comprender este fenómeno proporciona a los responsables políticos, profesores y otros profesionales formas sutiles del cambio de conducta y la gestión de las incongruencias.

Personajes clave
Merrill Carlsmith, 1936–1984
Joel Cooper
Leo Festinger, 1919–1989

Conceptos relacionados
ansiedad, p. 88
entrevista motivacional, p. 108
conformidad, p. 131

Sé que no me conviene, pero aun así fumo.

revaluación cognitiva

Como la disonancia cognitiva, la revaluación cognitiva se refiere al pensamiento y la conducta, aunque es muy distinta. Se trata de una estrategia de regulación emocional que implica cambiar nuestra forma de pensar sobre una situación en respuesta a nuestra experiencia corporal. Por ejemplo, en lugar de sumergirnos en pensamientos y sentimientos de ira ante una situación, la revaluación cognitiva conlleva dar un paso atrás y tratar de ver el hecho de una manera más tranquila y objetiva. Al reinterpretar, reanalizar o reformular una situación, podemos alterar nuestras reacciones emocionales y crear una respuesta más adaptativa y útil frente a los factores estresantes externos. Pero, del dicho al hecho hay un gran trecho.

Los psicólogos estadounidenses Richard Lazarus y Susan Folkman postularon esta teoría. Según ellos, en la evaluación cognitiva primaria, una persona decide si un hecho es peligroso o estresante, mientras que en la evaluación secundaria decide si es capaz de enfrentarse a esta situación en concreto. Pongamos que está preocupado porque tiene que entregar un trabajo en una fecha determinada. Podría revaluar cognitivamente esta situación como una oportunidad para terminar el trabajo, demostrar sus capacidades y potenciar su propio crecimiento personal. Asimismo, cuando se enfrenta a un cambio inesperado, puede decidir que se trata de una noticia terrible y entrar en pánico o puede revaluar la situación y darse cuenta de que dicho cambio ofrece muchas posibilidades.

Este proceso requiere práctica y el contexto adecuado: no funciona en todas las situaciones y tampoco debería hacerlo.

En pocas palabras
Estrategia cognitiva de regulación de las emociones que consiste en cambiar conscientemente la manera en que interpretamos una situación para modificar nuestras respuestas.

Por qué es importante
Este planteamiento adaptativo puede reducir el estrés, equilibrar nuestras emociones y contribuir a la salud mental en general.

Personajes clave
Susan Folkman, n. 1938
Richard Lazarus, 1922–2002

Conceptos relacionados
memoria/olvido, pp. 40–41
lectura de la mente, p. 43
ansiedad, p. 88

estados de ánimo

Un estado de ánimo es un estado afectivo que suele categorizarse como positivo o negativo. Todo tipo de factores (eambientales, físicos e incluso históricos) pueden afectar a nuestro estado de ánimo, desde ganar la lotería hasta tener unos vecinos ruidosos. Las influencias fisiológicas como la nutrición, las hormonas y el estado físico general también pueden tener un impacto.

Los estados de ánimo están regulados por neurotransmisores como la serotonina, la dopamina y la norepinefrina, sustancias liberadas por las fibras nerviosas de nuestro cerebro. La medicación psiquiátrica corrige los desequilibrios de estos químicos. En cambio, los psicólogos trabajan con estados de ánimo observando nuestros patrones de pensamiento. Las cogniciones o interpretaciones de los acontecimientos dan forma a cómo nos sentimos. Si cree que alguien lo ha ignorado en una fiesta, por ejemplo, su estado de ánimo podría resentirse, haciéndolo sentir triste e insignificante. Pero, es posible que esa persona sea miope o no lo haya reconocido y, de haberlo sabido, tal vez hubiera cambiado sus cogniciones de tristes a compasivas. El psicoanálisis probablemente explicaría los estados de ánimo en términos de lo inconsciente o las experiencias de la primera infancia: dependen de proyecciones y transferencias que evolucionan desde la edad temprana, según los psicoanalistas.

Los acontecimientos de la vida y los contextos en los que vivimos también influyen en el estado de ánimo, según la teoría del aprendizaje social de Albert Bandura, que sugiere que es algo contagioso: lo aprendemos de quienes nos rodean, emulando estados de ánimo que parecen provocar una «recompensa» social.

En pocas palabras
Un estado de ánimo es un sentimiento general que tenemos, y no una reacción ante una situación concreta.

Por qué es importante
Nuestra manera de movernos por el mundo depende de cómo nos sentimos por dentro. Comprender qué contribuye a los buenos o malos estados de ánimo puede ayudarnos a disfrutar más de la vida.

Personajes clave
Richard Davidson, n. 1951
Lisa Feldman Barrett, n. 1963
Joseph E. LeDoux, n. 1949

Conceptos relacionados
medicación psiquiátrica, p. 103
tipos de personalidad, p. 114
inteligencia emocional, p. 136

emociones

Los términos estado de ánimo y emoción están relacionados con cómo nos sentimos. Las emociones son de corta duración, mientras que los estados de ánimo tienden a durar más y no tienen un punto de partida o un desencadenante específico.

Gran parte de la psicología se centra en comprender la naturaleza, el desarrollo y el mantenimiento de las experiencias emocionales. Una de las teorías más conocidas en psicología experimental es la teoría de las emociones de James-Lange, según la cual las emociones surgen de respuestas fisiológicas a estímulos. Notamos cambios en nuestro cuerpo que son desencadenados por eventos externos, que luego conducen a experiencias emocionales. Como siempre con psicología, hay desacuerdo en el campo de la investigación. La teoría de Cannon-Bard sugiere que la excitación fisiológica y las experiencias emocionales se producen simultáneamente en respuesta a un estímulo, y no porque una cause la otra. Oír un fuerte golpe afuera hace que el corazón se acelere, respiremos más rápido y nos sintamos asustados: nuestra emoción es el miedo. Es difícil desentrañar si este proceso es secuencial o simultáneo.

Fuera de los laboratorios experimentales, la psicoterapia es fundamental para ayudar a las personas a afrontar sus emociones. El foco terapéutico está en la regulación emocional o la capacidad de gestionar nuestras propias emociones. La terapia focalizada en las emociones y la terapia dialéctica conductual se centran específicamente en la gestión de las emociones a través de la atención plena; la tolerancia al malestar, es decir, la gestión del malestar emocional real o percibido, y el entrenamiento de la eficacia interpersonal, es decir, cómo relacionarse con los demás al tiempo que se gestiona uno mismo.

En pocas palabras
Reacciones a hechos o desencadenantes que influyen en la forma en que nos sentimos física y mentalmente.

Por qué es importante
Cómo nos sentimos influye en todos los aspectos de nuestra vida. Comprender cómo funciona todo puede favorecer una vida equilibrada.

Personajes clave
Daniel Batson, n. 1943
Robert Cialdini, n. 1945
Paul Ekman, n. 1934

Conceptos relacionados
neuroticismo, p. 71
duelo, p. 74
culpa/vergüenza, pp. 80–81

salud mental

La salud mental es un estado de bienestar que nos permite hacer frente al estrés de la vida diaria. Esto incluye nuestro bienestar emocional, físico, psicológico y social.

En 1946, la Organización Mundial de la Salud (OMS) afirmó que el bienestar mental es una parte importante de la salud general. La salud mental surgió como un campo de estudio propio que no se había reconocido previamente. Según las estadísticas de la OMS, más de 700 000 personas se quitan la vida cada año, aproximadamente una persona cada 40 segundos. Según el Servicio Nacional de Salud británico, una de cada cinco personas tiene pensamientos suicidas y una de cada catorce se autolesiona. Por lo tanto, comprender las complejidades de la salud mental es crucial.

El estigma en torno a la salud mental existe, pero menos que en épocas pasadas. Desde la pandemia mundial y con la exposición a las redes sociales, muchas más personas se han dado cuenta del valor de la buena salud mental y de la importancia del tratamiento si se requiere, incluso sin un diagnóstico de este tipo de enfermedad.

Hay muchas teorías psicológicas en torno a la salud mental. Quizás la más clara e influyente sea el modelo biopsicosocial. En 1977, el médico George Engel acuñó el término «biopsicosocial» para comprender la mala salud. Como sugiere el nombre, dicho principio hace hincapié en comprender la salud y la salud mental en contexto, teniendo en cuenta la interacción de los factores biológicos, psicológicos y sociales en la salud mental y el bienestar.

En pocas palabras
Tiene que ver con el bienestar emocional y cómo afrontamos el estrés, los altibajos de la vida cotidiana.

Por qué es importante
Una buena salud mental nos permite alcanzar nuestro potencial, ser productivos y desempeñar un papel activo en nuestras comunidades.

Personajes clave
George L. Engel, 1913–1999
David Harper y Paula Reavey
Mark Williamson

Conceptos relacionados
resiliencia, p. 70
estados de flujo, p. 96

enfermedad mental

La enfermedad mental, el polo opuesto de la salud mental, afecta negativamente a la capacidad de la persona para moverse por el mundo. Se caracteriza por una alteración clínicamente significativa en las cogniciones, la conducta y la regulación emocional.

Hay muchos tipos de enfermedad mental, como los trastornos del estado de ánimo, la ansiedad, los trastornos alimentarios, la psicosis y la esquizofrenia. Las personas con enfermedades mentales suelen sentirse angustiadas y sin control sobre sus vidas. Las enfermedades mentales generalmente se diagnostican cuando nosotros, o nuestros seres queridos, nos damos cuenta de que ya no podemos afrontar la vida cotidiana. Para diagnosticar una enfermedad mental, el médico realiza una valoración y redacta una historia clínica detallada. A veces utiliza listas de control y cuestionarios. No hay análisis de sangre ni escáneres cerebrales para detectar enfermedades mentales: todo se basa en el informe del propio paciente.

Los profesionales médicos basan sus diagnósticos en el *Manual diagnóstico y estadístico de los trastornos mentales* (*DSM*), que se encuentra en su quinta versión (el *DSM-5-TR* fue publicado en 2022 por la Asociación Estadounidense de Psiquiatría). Hay mucha controversia sobre la fiabilidad y la validez del *DSM*, así como su implícita individualización del malestar social. Sin embargo, muchas personas experimentan alivio y gratitud después de recibir un diagnóstico y los tratamientos asociados a sus experiencias perturbadoras.

En pocas palabras
Las enfermedades mentales son trastornos mentales, conductuales o emocionales graves.

Por qué es importante
Comprender y tratar con éxito la enfermedad mental puede ayudar a familias, comunidades y sociedades.

Personajes clave
Mary Boyle
James Davies
R. D. Laing

Conceptos relacionados
consultor psicológico/ psicólogo clínico, pp. 8–9
trastorno límite de la personalidad/trastorno bipolar, pp. 94–95
esquizofrenia/ psicosis, pp. 100–101
psicoterapia/ medicación psiquiátrica, pp. 102–103

resiliencia

El nailon es un material que siempre recupera su forma: es resistente. La resiliencia psicológica aparece cuando una persona se enfrenta a dificultades y se adapta a ellas, en lugar de caer en la desesperación o utilizar estrategias de afrontamiento poco saludables. Más que como fortaleza mental, los psicólogos prefieren pensar en la resiliencia como en una «capacidad de rebote» que permite resistir o recuperarse rápidamente de las dificultades.

A finales de la década de 1970, los investigadores vieron que se había puesto demasiado énfasis en el estudio de la vulnerabilidad y los factores de riesgo. Le dieron la vuelta a la investigación y comenzaron a investigar qué es lo que hace que, ante la adversidad, los niños se enfrenten a ella en lugar de desmoronarse. Esto representó el comienzo de un cambio de los planteamientos «centrados en el déficit» a los planteamientos «centrados en las fortalezas» para comprender la conducta humana.

Los psicólogos sugieren numerosas causas para la resiliencia: la atribuyen a características tanto internas como externas, incluida la salud mental, la aptitud física, la genética, el entorno y el apoyo social. Las personas resilientes también tienden a poseer características como buenas habilidades de comunicación, un locus de control interno (creen que tienen control sobre sus propias vidas), alta inteligencia emocional, y opiniones positivas de sí mismos y sus habilidades. Se ven como luchadores, supervivientes o «personas poderosas».

Además de las características individuales, el apoyo social, subestimado con frecuencia, es un factor que contribuye notablemente a la resiliencia humana. «Ninguna persona es una isla», dijo el poeta John Donne. Necesitamos que nuestras comunidades nos ayuden en tiempos difíciles.

si la vida te da limones, haz limonada.

En pocas palabras
Fortaleza psicológica para afrontar el estrés en momentos de dificultad. Una serie de factores internos y externos se combinan para crear resiliencia.

Por qué es importante
Los desafíos son inevitablemente parte del viaje de la vida. Necesitamos saber qué nos ayuda y qué nos obstaculiza cuando nos enfrentamos a contratiempos.

Personajes clave
Carol Dweck, n. 1946
Norman Garmezy, 1918–2009
Emmy Werner, 1929–2017

Conceptos relacionados
psicología positiva, p. 29
rasgos de personalidad/roles sociales, pp. 112–113
autoestima/autoeficacia, pp. 126–127

neuroticismo

El neuroticismo es casi el polo opuesto a la resiliencia. Para la persona neurótica, el vaso suele estar medio vacío. En cambio, la resiliente descubrirá cómo llenar el vaso hasta el mejor nivel posible. Algunos rasgos comunes del neuroticismo son los sentimientos de ansiedad, la irritabilidad, las dudas sobre uno mismo y la consideración de que los problemas menores son abrumadores. Pueden tenerse niveles altos, medios o bajos de neuroticismo.

Para Sigmund Freud, que introdujo el neuroticismo en la cultura dominante, podría explicarse como un conflicto psíquico entre dos fuerzas inconscientes opuestas. Afirmó que el neuroticismo es el resultado de un conflicto entre el superyó y el yo, en el que el primero oprime a la persona razonablemente saludable y hace que se comporte de manera neurótica. Hans Eysenck, un psicólogo británico nacido en Alemania, amplió más tarde estas ideas. El modelo de los «tres grandes» de Eysenck define tres rasgos centrales de la personalidad: extraversión, neuroticismo y psicoticismo. En su modelo, las personalidades neuróticas son innatas y tienen base genética. A principios de la década de 2000, Robert R. McCrae y Paul Costa describieron cinco factores básicos de la personalidad (el modelo de los cinco factores). El neuroticismo es una de las dimensiones clave, junto con la apertura, la responsabilidad, la extraversión y la amabilidad.

Estos rasgos suelen determinarse con cuestionarios de autoevaluación como parte de una estudio de la personalidad.

En pocas palabras
Rasgo de personalidad caracterizado por una tendencia a la ansiedad, la inestabilidad y las emociones negativas.

Por qué es importante
A través de la comprensión del nivel de neuroticismo de la persona, los psicólogos pueden crear y personalizar intervenciones para el lugar de trabajo o el espacio de terapia.

Personajes clave
Hans Eysenck, 1916–1997
Sigmund Freud, 1856–1939
Karen Horney, 1885–1952

Conceptos relacionados
psicoterapia, p. 102
rasgos de personalidad, p. 112
tipos de personalidad/los cinco grandes rasgos, pp. 114–115

felicidad

Según la investigadora Sonja Lyubomirsky, la felicidad es «la experiencia positiva de alegría, satisfacción o bienestar, combinada con la sensación de que la vida es buena, significativa y valiosa».

La apariencia real de la felicidad varía enormemente: para usted, puede ser dormir bajo las estrellas, pero para su mejor amigo quizás sea pasarse toda la noche en una discoteca. Debido a estas discrepancias, los científicos sociales tienden a utilizar el término «bienestar subjetivo» en sus estudios sobre la felicidad. Los dos elementos clave de dicho bienestar son el equilibrio de las emociones (para la felicidad, esto significa más positivas que negativas) y la satisfacción con la vida (lo contento o satisfecho que se está en distintas parcelas de la vida, como las relaciones personales, el trabajo y cualquier otra área que se considere importante).

A pesar de que las percepciones de la felicidad y de lo que nos hace felices sean distintas para cada persona, los indicios de la felicidad son universales. Estos incluyen sentir que tiene la vida que desea, que sus condiciones de vida son buenas, que ha logrado o logrará todo lo que desea en la vida, experimentar la gratitud y querer compartir su felicidad con los demás.

El marco hedónico es un influyente marco psicológico para comprender la felicidad. Hace hincapié en la búsqueda de los buenos sentimientos y la evitación del dolor como elementos centrales para lograr la felicidad. Por el contrario, la perspectiva eudaimónica se centra en la autorrealización, el crecimiento personal y la búsqueda de metas significativas.

En pocas palabras
Estado emocional caracterizado por la alegría, la satisfacción y la sensación de bienestar.

Por qué es importante
Las emociones positivas, como la felicidad, son buenas para nosotros. La felicidad reduce las hormonas del estrés, alivia sentimientos de ansiedad y depresión, y mejora nuestro sistema inmunitario.

Personajes clave
Mihalyi Csikszentmihalyi, 1934–2021
Erich Fromm, 1900–1980
Martin Seligman, n. 1942

Conceptos relacionados
psicología positiva, p. 29
resiliencia, p. 70
empatía, p. 140

hedonismo

La diferencia entre el hedonismo y la felicidad es que esta (a veces denominada «felicidad eudaimónica») se logra a través de las experiencias de significado, propósito, virtud y crecimiento. El hedonismo, por otro lado, también conocido como «felicidad hedonista», se logra a través de la búsqueda de placer y disfrute únicamente, sin el significado, el crecimiento y la virtud. Este término se utiliza tanto en filosofía y arte como en psicología, e incluye placeres sensoriales además de intelectuales.

La psicología evolutiva nos proporciona información útil sobre la función adaptativa de las conductas hedonistas, teorizando que el impulso de buscar placer y evitar el dolor ha evolucionado como una estrategia fundamental para la supervivencia y la reproducción. Nuestras tendencias hedonistas pueden haber proporcionado a nuestros ancestros una ventaja evolutiva, mejorando las posibilidades de supervivencia y éxito reproductivo.

Las teorías psicológicas o motivacionales del hedonismo afirman que la conducta humana está determinada por el deseo de aumentar el placer y minimizar el dolor. Este proceso suele estar vinculado al egoísmo en psicología, donde cada persona aspira solo a su propia felicidad individual. Thomas Hobbes, filósofo inglés del siglo XVII y autor de *Leviatán*, argumentó que nuestros egos son el impulso principal que determina todas nuestras conductas, y esto incluiría el hedonismo.

Otras ramas de la psicología, como la cognitiva y la psicoanalítica, trabajan con personas hedonistas para abordar sus creencias y sus conductas de búsqueda de placer y evitación del dolor.

En pocas palabras

El hedonismo teoriza que todo placer es intrínsecamente valioso y, todo dolor, no. En el hedonismo no se presta atención al significado, los valores ni el crecimiento.

Por qué es importante

El hedonismo es ese maravilloso sentimiento de placer sin tener en cuenta las consecuencias. Sin embargo, puede ocasionar problemas sociales si no se controla.

Personajes clave

Jeremy Bentham, 1748–1832
Shane J. Lopez, 1970–2016
John Stuart Mill, 1808–1873

Conceptos relacionados

mentalidad de crecimiento/psicología del deporte, pp. 32–33

duelo

El duelo es una respuesta normal a una pérdida importante, como la muerte de un ser querido, un aborto espontáneo u otras pérdidas vitales como un despido, una mudanza o un cambio en el estado de salud. Existen muchas teorías psicológicas que intentan comprender este proceso. La más conocida es el modelo de duelo de cinco etapas, desarrollado en la década de 1960 por Elisabeth Kübler-Ross, una psiquiatra estadounidense de origen suizo. Su teoría ha sido criticada por su simplicidad, pero aún se utiliza mucho y a veces es valiosa. Las cinco etapas son las siguientes: negación, ira, negociación, depresión y aceptación. Las personas en duelo avanzan a través de estos pasos secuenciales.

Una teoría del duelo más reciente y cada vez más popular, a veces denominada «teoría del huevo frito», fue desarrollada por Lois Tonkin en 1996. Consistía en «crecer alrededor del duelo». Imagine que dibuja un círculo para representar su vida y lo sombrea para representar el duelo. Al principio del duelo, o de cualquier otra pérdida, todo el círculo estará sombreado (será toda la yema del huevo frito), pero, con el paso de los años, el tamaño del sombreado amarillo se reducirá y habrá más «clara de huevo» porque el resto de su mundo se expandirá.

Otro concepto útil para explicar el duelo es la teoría del apego, que destaca los vínculos duraderos y el profundo impacto del apego en el proceso de duelo.

La teoría de la continuidad de los vínculos sugiere que las personas mantienen una conexión con el difunto, o la cosa perdida, a través de los recuerdos, rituales y relaciones en curso. Esta teoría cuestiona la noción de que un buen duelo implica un desapego total con la persona fallecida, ya que afirma que mantener alguna conexión con ella es un consuelo.

separación

En 1969, el psiquiatra y psicoanalista británico John Bowlby escribió un artículo titulado «Attachment and Loss» («Ápego y pérdida»), en el que explicaba su manera de entender el proceso de separación de los bebés y sus cuidadores. Según su teoría, creamos fuertes vínculos emocionales con los cuidadores principales a temprana edad. Esta es la «base segura» desde la que podemos explorar el mundo. La separación de estas figuras cercanas de apego puede provocar ansiedad y malestar, lo que hace que queramos acercarnos a ellas en busca de seguridad o comodidad. Bowlby sugirió que existen cuatro tipos de apego en los niños (seguro, ansioso, evitativo y temeroso), cada uno de los cuales influye en la facilidad de separación. Esta teoría ha sido criticada por quienes sostienen que los niños pueden crear más de un vínculo y por su excesivo énfasis en la «madre» y no en la «persona cuidadora» (recordemos que se publicó en la década de 1950).

Por lo tanto, la separación es la otra cara de la moneda del apego y, en términos psicológicos, se refiere a la pérdida o la ausencia de figuras de apego significativas. Está relacionada con la pérdida y el duelo, pero es un proceso temporal y emocionalmente menos diferenciado.

La teoría ecológica de Urie Bronfenbrenner de la década de 1970 se centra en el papel del contexto ambiental en la configuración de las experiencias individuales de separación. La separación se produce dentro de las capas de los sistemas ambientales: la familia, la escuela, la comunidad y la cultura. Estos contextos influyen en las normas de separación y su afectación a la identidad y el sentido de pertenencia.

En pocas palabras

En psicología, la pérdida o la ausencia de figuras, relaciones o entornos significativos de apego.

Por qué es importante

La separación puede impedir que las personas vivan una vida rica y plena. Comprender cómo funciona la separación puede ayudar a aliviar la ansiedad y el malestar que provoca.

Personajes clave

John Bowlby, 1907–1990
Urie Bronfenbrenner, 1917–2005
Donald Winnicott, 1896–1971

Conceptos relacionados

memoria/olvido, pp. 40–41
disonancia cognitiva, p. 64
amor, p. 128

estrés

El estrés es un conjunto de respuestas fisiológicas y psicológicas a demandas que exceden nuestras capacidades de afrontamiento. Se manifiesta a través de alteraciones emocionales, físicas y cognitivas.

Los signos de estrés se revelan en cuatro áreas principales: psicológica (ansiedad, preocupación, dificultad para concentrarse); física (hipertensión, fluctuación de peso, inmunidad baja); emocional (irritabilidad, sensación de agobio, llanto excesivo), y conductual (falta de cuidado personal, adicciones, etc.).

Las causas del estrés son económicas, laborales, sentimentales y de salud, entre otras. Las dificultades desencadenan respuestas de lucha o huida del cuerpo. Hormonas como el cortisol y la adrenalina se liberan en respuesta a la amenaza percibida. Cuando esta desaparece, los sistemas deberían volver a la normalidad, pero con el estrés crónico esto no sucede, lo que puede provocar daños corporales.

Para los psicólogos clínicos y de otras disciplinas, el modelo biopsicosocial es una forma valiosa de explicar el estrés, ya que se centra en los factores genéticos, la psique interna y los entornos sociales más amplios como factores que contribuyen al mismo. Los profesionales también utilizan la metáfora del «cubo del estrés»: nuestros cubos pueden ser de diferentes tamaños, pero, independientemente del tamaño, el exceso de estrés hace que se desborden y es una señal de que algo debe cambiar.

En pocas palabras
Respuesta física y mental a exigencias o presiones que superan nuestra capacidad para afrontarlas.

Por qué es importante
Demasiado estrés puede provocar problemas físicos y de salud mental. Aprender sobre ello y cómo afrontarlo puede ayudarnos a sentirnos menos abrumados.

Personajes clave
Thomas Holmes y Richard Rahe
Ian Roberston, n. 1951
Hans Selye, 1907–1982

Conceptos relacionados

síndrome de desgaste profesional

El síndrome de desgaste profesional, o *burnout*, lo acuñó en 1974 el psicólogo estadounidense de origen alemán Herbert Freudenberger en su libro *Burnout: The High Cost of High Achievement*. No se trata de un diagnóstico médico (aunque probablemente sea la causa de otras afecciones médicas y psicológicas), sino de un tipo de estrés vinculado al lugar de trabajo. Es el agotamiento físico y mental causado por una tensión prolongada. Los síntomas incluyen falta de motivación; sensación de escepticismo, inutilidad y agotamiento, y menor eficacia laboral. Tener un rendimiento de alto nivel no necesariamente conduce a este síndrome. Si gestionamos bien el estrés y la carga de trabajo, probablemente no lo suframos. Hay profesiones más propensas a experimentarlo, como la medicina, la enfermería y la enseñanza. Durante la pandemia de Covid-19, los informes de desgaste profesional y fatiga por compasión aumentaron sustancialmente, sobre todo en escuelas y hospitales.

Las investigaciones han demostrado que los principales factores para prevenir el síndrome de desgaste profesional son los propios niveles de resiliencia y el apoyo social. Su consideración a nivel individual ignora el contexto más amplio, como los bajos salarios. Según un informe de Gallup de 2018, cinco factores del lugar de trabajo contribuyen al síndrome de desgaste profesional de los empleados: presiones de tiempo poco razonables; falta de comunicación y apoyo de la dirección; falta de claridad de rol; carga de trabajo poco gestionable, y trato injusto. Intervenciones organizativas como el trabajo flexible, el rediseño laboral y los programas de bienestar pueden ayudar a aliviar el problema.

En pocas palabras
Estado de agotamiento mental y físico. Puede producirse cuando experimentamos estrés a largo plazo, particularmente en lugares de trabajo exigentes.

Por qué es importante
El síndrome de desgaste profesional causa daños físicos y mentales que afectan a nuestra vida fuera del lugar de trabajo.

Personajes clave
Herbert Freudenberger, 1926–1999
Christina Maslach, n. 1946
Gordon Parker

Conceptos relacionados
estados de ánimo/emociones, pp. 66–67
neuronas espejo, p. 141
escáner cerebral, p. 150

melancolía

Esta palabra de origen griego significa «bilis negra» y proviene de la filosofía y la medicina de la antigua Grecia, así como de la teoría de los cuatro temperamentos de Hipócrates (sanguíneo, colérico, melancólico y flemático), definidos por el predominio relativo de cuatro «humores».

Hoy día, la melancolía se describe como un estado persistente y profundo de tristeza, desesperación y entumecimiento emocional. A una persona se le puede diagnosticar depresión con un subconjunto de síntomas melancólicos. Las principales características son anhedonia generalizada, o falta de interés en algo; retraso psicomotor; estado de ánimo poco reactivo; despertar precoz, y pérdida de apetito y peso.

Los tratamientos psicoanalíticos para la melancolía exploran los conflictos inconscientes, las relaciones y las experiencias de la primera infancia que subyacen en los síntomas negativos. La idea es que el procesamiento emocional puede facilitarse a través de la empatía y la perspectiva terapéuticas y la autocompasión. Los planteamientos cognitivo conductuales de la melancolía se centran en cuestionar los patrones de pensamiento automáticos negativos, aumentar la activación conductual y enseñar estrategias de afrontamiento. Los tratamientos psiquiátricos son medicamentos antidepresivos para aliviar los síntomas. La mayoría de las veces, las personas con depresión melancólica se someten a los tres tratamientos en diferentes etapas.

En pocas palabras
Complejo trastorno del estado de ánimo que consiste en un estado persistente de profunda desesperación y tristeza.

Por qué es importante
Las personas melancólicas tienen problemas con las dificultades de la vida cotidiana. Comprender la melancolía nos ayudará a desarrollar perspectivas y estrategias de afrontamiento adaptativas.

Personajes clave
Denis Diderot, 1713–1784
Sigmund Freud, 1856–1939
Thomas Holloway, 1800–1883

Conceptos relacionados
consultor psicológico/ psicólogo clínico, pp. 8–9
ansiedad/depresión, pp. 88–89

Me he dado por vencido.

languidez

El sociólogo Corey Keyes acuñó el término «languidez» a principios del siglo XXI para describir un estado psicológico caracterizado por un sentimiento de vacío, una falta de significado y propósito. Los síntomas eran una falta de motivación para hacer cualquier cosa y una sensación general de entumecimiento. La languidez se parece a la depresión, pero es distinta. Se sitúa en un continuo entre la depresión y lo que Keyes llama florecimiento. Las personas lánguidas son capaces de funcionar, pero se sienten desconectadas de sus pasiones y experimentan una sensación general de apatía o desconexión.

La languidez no es un trastorno diagnosticable. Puede verse afectado por factores como el aislamiento social, el trabajo o las relaciones insatisfactorias, la falta de apoyo social y el estrés. De manera similar, los acontecimientos de la vida, las preocupaciones económicas y la falta general de interés en el mundo pueden contribuir a este estado. Las personas que adolecen de languidez a veces dicen que no se sienten bien con ellas mismas. Han perdido la chispa, la alegría de vivir.

Para combatir la languidez, además de la psicoterapia, una buena opción des cambiar de aires o incluso tomar una ruta diferente para ir al trabajo si eso repercute positivamente. Darse permiso para disfrutar de las cosas y organizar una «cita divertida» consigo mismo puede ayudar a contrarrestar el aburrimiento. Todas las técnicas habituales de cuidado personal, como meditar, llevar un diario, hacer ejercicio y yoga y practicar la gratitud también pueden ayudar.

En pocas palabras
Se puede considerar que es la ausencia de buena salud mental, con una falta de participación y una sensación general de insatisfacción.

Por qué es importante
La languidez puede impedirnos disfrutar realmente de nuestro valioso tiempo en la tierra. La psicología puede ofrecer herramientas útiles que ayuden a superar este estado de apatía.

Personajes clave
Adam Grant, n. 1981
Corey Keyes

Conceptos relacionados

culpa

Esta emoción se caracteriza por el autorreproche y la sensación de remordimiento por haber hecho algo mal o la percepción de que no se ha obrado bien.

La culpa es un factor importante de la gestión de las relaciones y nuestro propio bienestar psicológico. Puede influir en todos los aspectos de nuestros pensamientos, sentimientos y conductas.

La teoría psicoanalítica profundiza en el concepto de culpa. Lo considera un conflicto intrapsíquico entre el superyó (nuestra voz altamente moral) y el ello (nuestros impulsos instintivos primitivos). Sigmund Freud decía que la culpa es un mecanismo útil mediante el cual podemos regular nuestras conductas y mantener una sociedad saludable. Nos ayuda a apegarnos a las normas sociales y los principios éticos. En cambio, los psicoanalistas proponen que la culpa no resuelta se traduce en neurosis y otros malestares psicológicos.

La culpa puede aprenderse a través del modelado de roles y la socialización. A menudo se transmite de generación en generación y de cultura en cultura. La teoría sobre el aprendizaje social de Albert Bandura de 1977 hace hincapié en la importancia de la imitación y el modelado de los sentimientos de los demás. Quizás la abuela se sienta muy culpable si no prepara comida caliente para toda la familia todas las noches, porque siente que ha perjudicado a su familia y que no ha hecho lo suficiente. Esta actitud es observada y aprendida involuntariamente por la hija y la nieta, y se repite de generación en generación, creando una cultura familiar caracterizada por la culpa femenina.

En pocas palabras
Sentimiento de malestar consciente de nuestra posible responsabilidad por hacer o decir algo con resultados negativos.

Por qué es importante
Al comprender cómo influye la culpa en nuestras relaciones, podemos restaurar un sentido de auto-estima y orgullo en nosotros mismos.

Personajes clave
Martin Buber, 1878–1965
Sigmund Freud, 1856–1939
Alice Miller, 1923–2010

Conceptos relacionados
el ello, p. 10
Sigmund Freud, p. 30
neuroticismo, p. 71
hedonismo, p. 73

vergüenza

Mientras que la culpa se refiere a lo que sentimos cuando hemos hecho algo mal, la vergüenza surge cuando creemos que hay algo fundamentalmente malo en nosotros mismos. Puede estar relacionado con un hecho o una conducta determinados, pero no siempre es así.

Los sentimientos que se asocian con la vergüenza son el autorrechazo, el sentimiento de inadecuación y la percepción del incumplimiento de las normas sociales. Los psicólogos evolucionistas defienden que la vergüenza influye en la supervivencia de nuestra especie porque hace que nos adhiramos a normas sociales y culturales, creando mejores sociedades.

Desde el punto de vista psicodinámico, la vergüenza es un conflicto intrapsíquico que surge de la discrepancia entre el yo ideal de un individuo y la imagen real que tiene de sí mismo. La vergüenza no resuelta puede llevar a la creación de mecanismos de defensa como la negación, la evitación y la proyección. En el lugar de trabajo, por ejemplo, puede sentirse completamente avergonzado e incómodo por haber introducido datos incorrectos en una hoja de cálculo y, para disimular la vergüenza, intentar ocultar su error o proyectarlo sobre alguien o algo para culparlo de su mal trabajo. Esto exacerba los sentimientos inadecuados y crea un círculo vicioso de desconexión con los demás, lo que lleva a más vergüenza y más desconexión.

Cada vez hay más evidencias de que, cuando la vergüenza está profundamente arraigada en el sentido de sí mismo de un individuo, surgen problemas graves como las conductas adictivas y las lesiones autoinfligidas.

En pocas palabras
Humillante sentimiento de angustia que experimentamos cuando creemos que somos inherentemente malos o que hemos hecho algo mal.

Por qué es importante
Si somos capaces de analizar nuestros difíciles sentimientos de vergüenza y compartirlos abiertamente, podemos darnos cuenta de que no estamos solos con ellos y mejorar nuestros propios sentimientos de autoestima.

Personajes clave
Alain de Botton, n. 1969
Brené Brown, n. 1965
Carl Jung, 1875–1961

Conceptos relacionados
psicoterapia, p. 102
apego ansioso, p. 125
efecto espectador, p. 135

VERGÜENZA

envidia

La envidia es una emoción negativa que se da cuando anhelamos lo que tiene otra persona, quién es o lo que ha logrado. Las personas envidiosas suelen sentirse inseguras, inferiores y hostiles hacia aquellos a quienes envidian. A veces pueden no ser conscientes de ello, o pueden ser reacias a admitirlo, porque es una emoción desagradable y socialmente inaceptable.

Sin embargo, la envidia es un proceso completamente natural que, a menudo, comienza en la infancia, cuando los hermanos compiten por la atención de sus padres y comparan cómo los tratan.

La «envidia del pene» es un concepto arraigado en las etapas de desarrollo psicosexual de Sigmund Freud. Fue duramente criticado por pensadores psicoanalíticos como la neofreudiana Karen Horney, que propuso la idea de la «envidia del útero» como un rasgo psicológico masculino innato.

Cuando los sentimientos de envidia interfieren con nuestras vidas, la terapia puede ser eficaz. Explorar la naturaleza de la envidia, cuándo aparece y por qué puede arrojar luz sobre nuestras metas y deseos genuinos.

En pocas palabras
Sentimiento incómodo que tenemos cuando deseamos las ventajas de otras personas. Puede hacernos sentir mal con nosotros mismos.

Por qué es importante
La psicoterapia puede ayudarnos a abordar emociones complejas como la envidia, enfrentándolas y, por tanto, diluyendo su poder, para lograr un mundo menos hostil.

Personajes clave
Charles Darwin, 1809–1882
Sigmund Freud, 1856–1939
Frans de Waal, 1949–2024

Conceptos relacionados

Lo quiero...

celos

La mayoría de nosotros usamos las palabras celos y envidia indistintamente. Sin embargo, los psicólogos coinciden en que hay diferencias entre ambas emociones. Los celos generalmente se refieren a sentimientos y pensamientos de miedo, inseguridad y preocupación por la pérdida potencial de algo.

A diferencia de la envidia, los celos suelen involucrar a tres partes. Nos sentimos amenazados por que alguien nos quite a alguien o algo que ya tenemos. El típico ejemplo es tener celos de la atractiva compañera de trabajo de la pareja. Por lo tanto, los celos, a diferencia de la envidia, no siempre implican un sentimiento de inferioridad, sino que tienen que ver más con la competencia y la pérdida.

Si los celos son tan intensos que interfieren en la vida cotidiana, la terapia puede ayudar. La terapia de pareja, la terapia cognitivo conductual, la terapia dialéctica conductual y la psicoterapia pueden ayudarnos a comprender el proceso de los celos, sus causas subyacentes y cómo gestionar los sentimientos. Luego podemos desarrollar estrategias y habilidades que nos ayuden a gestionar mejor las situaciones y las personalidades que desencadenan nuestros celos.

En pocas palabras
Miedo a perder algo valioso ante un rival. Queremos conservar lo que tenemos, no codiciar lo que tiene otro.

Por qué es importante
Es útil conocer la psicología de los celos, ya que es una emoción común que puede asustarnos. Cuando es intensa y abrumadora, puede llevarnos a comportarnos bastante mal.

Personajes clave
Luise Eichenbaum, n. 1952
Sigmund Freud, 1856–1939
Susie Orbach, n. 1946

Conceptos relacionados
emociones, p. 67
amor/atracción, pp. 128–129

¡ES MÍO!

investigación cualitativa

La investigación cualitativa se utiliza para comprender la realidad social, las actitudes, las creencias y las experiencias de alguien. Se emplea mucho en psicología, donde mucho de lo que se estudia es sutil y subjetivo. La investigación cualitativa examina de cerca la interpretación de datos descriptivos no numéricos.

Los métodos cualitativos se utilizan en la investigación psicológica para explorar conocimientos sobre nuestras experiencias y contextos vividos. Estos métodos permiten que los matices, la complejidad y la diversidad pasen a un primer plano. Sin embargo, se critican por ser fácilmente influenciables por el sesgo de los investigadores, por ser difíciles de replicar por completo y por carecer de rigor.

El término genérico investigación cualitativa comprende distintos métodos de investigación. La investigación fenomenológica es donde se desentrañan y exploran los fenómenos únicos de los significados; la teoría fundamentada permite a los investigadores crear nuevos marcos conceptuales a través del análisis de datos; el análisis narrativo analiza cómo contamos nuestras historias y cómo damos sentido a nuestras experiencias, y la investigación etnográfica, generalmente observacional, sumerge a los investigadores en entornos naturalistas.

En pocas palabras
Implica un análisis de datos no numérico y en profundidad, rico en detalles y contexto.

Por qué es importante
La investigación cualitativa ofrece valiosos métodos para el análisis de datos, la elaboración de teorías y la comprensión profunda de conceptos psicológicos.

Personajes clave
Virginia Braun y Victoria Clarke
Paul Felix Lazarsfeld, 1901–1975
Jonathan Smith

Conceptos relacionados
estados de ánimo/emociones, pp. 66–67
psicología forense/criminología, pp. 110–111

investigación cuantitativa

Los métodos cualitativos suelen preguntar «¿por qué?» o «¿cómo?», mientras que la investigación cuantitativa tiende a preguntar «¿qué?»: «¿qué pasa cuando...?». Implica la recopilación y el análisis de datos numéricos para probar hipótesis.

Los investigadores cuantitativos examinan relaciones y patrones en los datos para explicar la conducta y las emociones humanas. Debido a que los datos son numéricos, los métodos de investigación cuantitativa se pueden utilizar para probar teorías, adoptando un planteamiento limitado y específico. Estos métodos supuestamente son menos propensos al sesgo que la investigación cualitativa. Un poderoso experimento psicológico que aplicó el análisis cuantitativo y cualitativo fue el de Stanley Milgram sobre obediencia de 1961, en el que el psicólogo de Yale probó la voluntad de los participantes de administrar una descarga eléctrica a unos voluntarios. («¿Qué pasa cuando... les dicen que administren descargas eléctricas?»). Utilizó un análisis cuantitativo para demostrar que el 65 % de los participantes estaban dispuestos a administrar el nivel máximo de descargas eléctricas. Sin embargo, al anotar comentarios y respuestas conductuales, también utilizó el análisis cualitativo para responder las preguntas «¿por qué?» y «¿cómo?».

«Cuantitativo» es un término que engloba todos los planteamientos relacionados con la medición, como encuestas psicométricas e investigaciones experimentales en las que se manipulan variables para evaluar relaciones de causa y efecto. Estos métodos priorizan la generalización, la objetividad y la inferencia estadística.

En pocas palabras
Los métodos de investigación cuantitativa implican el análisis de datos numéricos.

Por qué es importante
La investigación cuantitativa de alta calidad permite probar hipótesis, establecer patrones y extraer conclusiones basadas en datos demostrables.

Personajes clave
Ronald Fisher, 1890–1962
Charles Spearman, 1863–1945
Ernst Heinrich Weber, 1795–1878

Conceptos relacionados
salud mental/ enfermedad mental, pp. 68–69
mente/cerebro, pp. 154–155

Las cifras revelan...

hábito

¿Se muerde las uñas? ¿Picotea algo después de cenar? ¿Sale a correr habitualmente? Tanto si son positivos como menos positivos, todo son hábitos: conductas repetidas que se vuelven automáticas con el tiempo. La característica que tienen en común es que las realizamos sin darnos cuenta o sin intención consciente. Los hábitos son patrones de conducta profundamente arraigados, aprendidos a través de la repetición y el refuerzo.

Los psicólogos creen que los hábitos están controlados por un bucle neurológico con tres subcomponentes: señal, recompensa y alivio. La señal es el detonante que inicia el hábito: tomar una taza de té puede ser la señal para comer una galleta. La recompensa y el alivio pueden ser la sensación de comodidad, menos hambre o un subidón de azúcar por la galleta. La recompensa y el alivio son reforzadores. Con repeticiones y con el tiempo (la taza de té más la recompensa y el alivio de la galleta dulce), la conducta se vuelve automática. Si se come una, dos o tres galletas después de tomarse el té, las disfruta menos, se acostumbra a ellas. Se han convertido en un hábito.

La formación de hábitos y el proceso de cambio de conducta son la base del trabajo de muchos psicólogos. Técnicas como sustituir conductas (comer una zanahoria en lugar de una galleta), crear nuevas recompensas (hacer algo especial en lugar de comer una galleta o una zanahoria) y tener una distracción (escuchar música) ayudan a romper hábitos.

En pocas palabras
Conductas repetitivas que aprendemos a través de la repetición y el refuerzo.

Por qué es importante
Los hábitos influyen en las conductas cotidianas y los logros a largo plazo.

Personajes clave
Ivan Pavlov, 1849–1936
B. F. Skinner, 1904–1990
Edward Thorndike, 1874–1949

Conceptos relacionados
condicionamiento operante/clásico, pp. 22–23
sesgo de confirmación, p. 48
naturaleza/crianza, pp. 116–117

adicción

Tanto los hábitos como las adicciones son conductas que se automatizan con el tiempo. La diferencia es que, en última instancia, podemos adoptar o dejar hábitos, algo mucho más difícil de hacer con las adicciones, en la medida en que interfieren en nuestra vida cotidiana. Una adicción es la implicación compulsiva con una conducta, aunque tenga efectos adversos sobre la salud o el bienestar.

Hay adicciones prácticamente a cualquier cosa. Las «saludables» incluyen correr, ir al gimnasio o tejer. En cambio, las adicciones al juego, las drogas, el sexo, la lectura compulsiva de malas noticias o las relaciones perjudiciales se consideran más negativas. El principal problema es que nos molestan a nosotros o a quienes nos rodean, y no podemos abandonarlas. En este sentido, no hay adicciones «saludables».

Los mecanismos que crean adicciones son tanto fisiológicos como psicológicos. La parte fisiológica se produce a través del secuestro del sistema de recompensa del cerebro. La dopamina (la «hormona de la felicidad») se libera en respuesta a una conducta. Cuando esto sucede, nos sentimos bien y queremos repetir esa conducta (correr, tener relaciones sexuales, cantar), para volver a sentirnos bien. El componente psicológico es que nos volvemos adictos a las cosas como consecuencia del estrés, la ansiedad o el dolor emocional. Las adicciones, en cualquiera de sus formas, ayudan a distraernos del dolor. Suelen implicar pérdida de control, apetencias y síntomas de abstinencia cuando se elimina el objeto de adicción.

En pocas palabras
Hábitos negativos repetidos que se arraigan y resultan de poca utilidad.

Por qué es importante
Las adicciones pueden ser destructivas y provocar malestar e infelicidad en nosotros mismos y nuestros seres queridos. Comprender los mecanismos de la adicción puede ayudarnos a aliviar el problema.

Personajes clave
Ivan Pavlov, 1849–1936
B. F. Skinner, 1904–1990
Edward Thorndike, 1874–1949

Conceptos relacionados
entrevista motivacional, p. 108
gemelos, p. 118

ansiedad

La ansiedad es un complejo estado emocional y físico que consiste en miedo, aprensión, sudoración, palpitaciones, preocupación y agitación general. Se trata de una respuesta humana normal ante una amenaza y, de hecho, nos resultó muy útil en tiempos prehistóricos para alertarnos de la presencia de depredadores, por ejemplo. Al tener una mayor sensibilidad al peligro, pudimos protegernos de él.

Por otro lado, la ansiedad que siempre está ahí, desproporcionada o muy persistente, puede perjudicar notablemente el bienestar emocional y arruinar nuestra calidad de vida. Esto sucede cuando las personas padecen los síntomas físicos y emocionales de la ansiedad incluso cuando no hay una amenaza real presente. Este tipo de ansiedad está aumentando en Occidente, y muchas personas experimentan trastornos de este tipo, como el trastorno de pánico y de ansiedad social y las fobias, especialmente a partir de la pandemia de Covid-19 y a raíz del aumento del uso de las redes sociales.

Las personas que padecen trastornos de ansiedad presentan síntomas físicos graves como taquicardia, sudores y mareos. Estos síntomas se deben a la activación del sistema de respuesta al estrés del cuerpo. Las hormonas cortisol y adrenalina se liberan para ayudarnos a responder a las amenazas percibidas. Con demasiada frecuencia, estas amenazas son solo percepciones, pero el proceso se activa de todos modos. Si la ansiedad está haciendo mella en su vida, la terapia cognitivo conductual u otras psicoterapias pueden ayudarlo a ver las cosas de manera diferente, reduciendo la frecuencia y la intensidad de las situaciones de ansiedad.

En pocas palabras
Respuesta emocional y física a amenazas reales o percibidas.

Por qué es importante
La ansiedad puede ser debilitante y va en aumento entre los jóvenes. Debemos conocerla mejor para comprender cómo combatir esta epidemia.

Personajes clave
Aaron Beck, 1921–2021
Albert Ellis, 1913–2007
Russ Harris, n. 1962
Hans Selye, 1907–1982

Conceptos relacionados
estados de ánimo/emociones, pp. 66–67
psicoterapia, p. 102
terapia cognitivo conductual, p. 105

depresión

«Buf, ¡llevo una depre!». Hoy día, expresiones como esta forman parte de nuestra vida cotidiana. Sin embargo, la depresión clínica es mucho más que estar bajo de ánimo. Es una sensación persistente de tristeza y falta de esperanza, y pérdida de interés o placer por todo tipo de actividades. Las personas deprimidas no solo se sienten desanimadas y con poca capacidad mental, sino que normalmente experimentan, además, repercusiones físicas. La depresión a menudo va acompañada de cambios en el apetito y el sueño y falta de energía.

Existen varios tipos de depresión, como el trastorno depresivo persistente y el trastorno depresivo perinatal. Otro tipo es el trastorno afectivo estacional, en el que las personas son incapaces de desenvolverse en los meses más oscuros de invierno. Suele haber una relación entre la depresión y otras cuestiones psicológicas como las autolesiones, la ansiedad y el trastorno obsesivo compulsivo (TOC). Cuando existe depresión al mismo tiempo que otro trastorno, el nexo causal, si existiera, puede ser poco claro. ¿El TOC causa la depresión, o a la inversa? En cierto sentido, no importa, siempre y cuando la persona reciba ayuda para afrontar todos sus problemas.

Suele pensarse que la depresión va acompañada de creatividad, aunque varios estudios psicológicos que investigan dicha conexión no han podido encontrar respuestas claras.

La paradoja es que los médicos clínicos han descubierto que el arte y las actividades creativas pueden ser una valiosa válvula de escape para los sentimientos de desesperación y estrés. ¡Es complicado!

En pocas palabras
Trastorno mental complejo y debilitante, caracterizado por sentimientos de tristeza y desesperanza.

Por qué es importante
El 60 % de las personas que se quitan la vida han sufrido un episodio reciente de depresión. Encontrar tratamientos efectivos es fundamental.

Personajes clave
Aaron Beck, 1921–2021
Peter Lewinsohn, 1930–2022
Martin Seligman, n. 1942

Conceptos relacionados
Sigmund Freud/
Carl Jung, pp. 30–31
melancolía, p. 78
TOC, p. 90

trastorno obsesivo compulsivo

El trastorno obsesivo compulsivo (TOC) es una enfermedad mental que lleva a tener pensamientos intrusivos (obsesiones) y hacer actos repetitivos (compulsiones) que pueden interferir en la vida cotidiana.

Quienes padecen este trastorno rumian sobre hechos o personas. Normalmente, para aliviar estas dolorosas preocupaciones, llevan a cabo conductas compulsivas. Hay una especie de pensamiento mágico e irracional que dice: «Si reviso la puerta de entrada diez veces, no le pasará nada malo a mi familia». Las conductas compulsivas más habituales son revisar, limpiar, contar y ordenar objetos. Aunque muchos manifestamos algunas de estas conductas, las personas aquejadas del trastorno obsesivo compulsivo siente la necesidad de realizar una determinada acción una y otra vez, hasta el punto de que esta afección interfiere en su vida y puede causar otros problemas de salud mental como la depresión.

El tratamiento suele ser una combinación de terapia cognitivo conductual, exposición y prevención de respuesta, donde una persona tiene que afrontar su miedo (a las manos sucias, por ejemplo) y sentirlo sin llevar a cabo la compulsión (lavarse). La medicación y la psicoterapia general también son tratamientos eficaces. A menudo, los pensamientos y las conductas compulsivos pueden ser una respuesta a hechos traumáticos muy reales, y no son tan irracionales cuando se ponen en contexto. Este trastorno puede surgir en cualquier momento de la vida, incluida la infancia. Se cree que entre las posibles causas se encuentra una combinación de factores genéticos, neurológicos, cognitivos, familiares y ambientales.

En pocas palabras
Enfermedad mental en la que, quienes la padecen, piensan repetidamente en pensamientos o acontecimientos angustiosos y llevan a cabo conductas compulsivas y rituales para aliviar el malestar producido por estos pensamientos.

Por qué es importante
Según algunas estimaciones, alrededor del 1% de la población sufre alguna vez síntomas de TOC.

Personajes clave
David M. Clarke, n. 1954
Stanley Rachman, 1934–2021
Paul Salkovskis

Conceptos relacionados
psicoterapia, p. 102
terapia cognitivo conductual, p. 105
naturaleza/crianza, pp. 116–117

perfeccionismo

Los perfeccionistas tienen estándares increíblemente altos en todos los ámbitos de la vida y son demasiado críticos consigo mismos y con su trabajo, por lo que experimentan un gran malestar cuando no logran cumplir con sus propios estándares. El perfeccionismo presenta algunas similitudes con el trastorno obsesivo compulsivo (TOC), pero, posible- mente, más diferencias. Surge del deseo de éxito y superación, a diferen- cia del TOC, que se trata más de evitar que sucedan cosas malas.

Al igual que sucede con el TOC, hasta cierto punto muchas personas tienen tendencias perfeccionistas con rasgos como el miedo al fracaso («¿qué pasará si me equivoco?»), el pensamiento crítico («soy un inútil, ¿por qué no puedo hacer esto correctamente?») y el pensamiento todo o nada, cuando algo casi perfecto equivale a un fracaso total. La persona- lidad perfeccionista tiende a experimentar más vergüenza y culpa que otras personas cuando las cosas no van bien. Le resulta difícil abandonar algo y muchas veces posterga las cosas por miedo a no ser perfecto. Incluso evita empezar una redacción porque, ¿y si no está a la altura?

Los terapeutas y los psicólogos trabajan con los perfeccionistas cuando se topan con obstáculos insuperables en la vida. Las causas del perfec- cionismo pueden ser múltiples y tienden a centrarse en la baja autoesti- ma, unos padres demasiado críticos, la necesidad de control y el miedo a la opinión de los demás. Por supuesto, en la vida real no existe nada que sea «perfecto». Ser imperfectos forma parte de la condición humana, por lo que ser perfeccionista es una lucha constante y cuesta arriba.

En pocas palabras
Rasgo de la perso- nalidad que lleva a las personas a tener expectativas poco realistas de sí mis- mas y de los demás.

Por qué es importante
El perfeccionismo poco saludable puede conducir a preocupa- ciones innecesarias, ansiedad y depresión.

Personajes clave
Wayne Goodman
Michael Jenike,
1945–2023
Judith Rapoport,
n. 1933

Conceptos relacionados
ansiedad, p. 88
terapia cognitivo conductual, p. 105

trastorno del espectro autista

Para muchas personas neurodivergentes, el autismo es su superpoder. El actor Anthony Hopkins y la activista Greta Thunberg son solo dos de las figuras destacadas que han compartido su diagnóstico de autismo. El trastorno del espectro autista (TEA) es una alteración del neurodesarrollo caracterizada por las dificultades para expresar e interpretar emociones, los problemas de comunicación y los comportamientos repetitivos.

Se conoce como un trastorno del «espectro» porque la gravedad de los síntomas puede variar mucho. En un extremo del espectro están las personas que pueden carecer de lenguaje, mostrar comportamientos como agitar las manos y mecerse, y requerir ayuda para vivir. En el otro extremo se encuentran los autistas que necesitan ceñirse a unas rutinas y centrarse en detalles, fechas y números. Algunas personas también padecen sensibilidad sensorial, como una mayor sensibilidad al sonido, al ruido o al tacto de la ropa en la piel.

El autismo puede diagnosticarse en la infancia o en edades más tardías. Actualmente es más frecuente en hombres que en mujeres, aunque el número de mujeres con autismo está aumentando, y presentan síntomas muy diferentes a los de los hombres. Se desconoce la causa exacta del autismo. La ayuda, si es necesaria, puede adoptar la forma de terapia cognitiva conductual, análisis conductual aplicado, logopedia, terapia ocupacional y formación de habilidades sociales.

En pocas palabras
Diagnóstico caracterizado por las diferencias con la población general en las áreas de habilidades sociales, comunicación, rigidez, conductas repetitivas e intereses concretos, casi obsesivos.

Por qué es importante
Si bien no hay una cura para el TEA, saber que uno no está solo y utilizar las intervenciones adecuadas para controlar su vida puede ayudar.

Personajes clave
Leo Kanner, 1894–1981
Lorna Wing, 1928–2014

Conceptos relacionados
psicólogo clínico, p. 9
neurodiversidad, p. 14
rasgos de personalidad, p. 112

trastorno por déficit de atención e hiperactividad

Al igual que el autismo, el trastorno por déficit de atención e hiperactividad (TDAH) es una alteración del neurodesarrollo. Sin embargo, se manifiesta de manera bastante distinta al autismo. Se caracteriza por patrones persistentes de hiperactividad, falta de atención e impulsividad (hacer o decir algo sin pensar en ello). La mayoría de las personas con TDAH se distraen fácilmente, les cuesta concentrarse en una tarea y pueden mostrar conductas como hablar en exceso o moverse nerviosamente.

Se cree que el TDAH está causado por una alteración de la función ejecutiva del cerebro. Dicha función, igual que un director de orquesta, organiza los procesos cognitivos de nuestro cerebro. En el TDAH, la función ejecutiva no se desarrolla con fluidez (el director no puede mantener el ritmo), lo que puede provocar una desregulación emocional.

Una idea errónea muy extendida es que quienes padecen TDAH nunca pueden concentrarse. Esto no es exactamente así, puesto que si encuentran una actividad que los motive, pueden demostrar hiperconcentración, también denominada «respuesta perseverativa», que los lleva a estar completamente absortos y desconectar fácilmente de todo lo demás.

Se cree que, en EE. UU., más de seis millones de niños han sido diagnosticados con TDAH.

Algunas de las estrategias que ayudan a las personas con TDAH son planificar el día con antelación, poner límites, realizar ejercicios de respiración para el estrés, medicarse y hacer psicoterapia.

En pocas palabras
Otro trastorno del neurodesarrollo. Se presenta como desregulación emocional, falta de atención y falta de control de impulsos.

Por qué es importante
Con el aumento de los casos y la controversia en torno a las causas y los tratamientos de este trastorno, debemos esforzarnos por comprenderlo mejor.

Personajes clave
Russell Barkley, n. 1949
Joseph Biederman, 1947–2023
Stephen Hinshaw, n. 1952

Conceptos relacionados
neurodiversidad, p. 14
rasgos de personalidad, p. 112
electroencefalograma, p. 151

trastorno límite de la personalidad

Hace años, los médicos se referían a esta enfermedad mental como trastorno *borderline* de la personalidad, en referencia a que estaba al límite de otros dos trastornos: la neurosis y la psicosis. Hoy día, este término se considera anticuado y la afección ha pasado a llamarse trastorno límite de la personalidad. Entre los síntomas se cuentan la inestabilidad anímica, la imagen cambiante de uno mismo y la dificultad en las relaciones personales. Las personas aquejadas de este trastorno suelen pelearse con los demás, temen el abandono y, muchas veces, alternan entre la idealización y la denigración de otras personas. Pueden experimentar una desregulación emocional severa y perder los estribos en cuestión de segundos. Tienen problemas para dar sentido a quiénes son.

El trastorno límite de la personalidad ha sido un diagnóstico controvertido desde que se formalizó en el *Manual diagnóstico y estadístico de los trastornos mentales* (*DSM-III*), la guía acreditada para el diagnóstico de trastornos mentales, en 1980. Se critica su construcción sesgada (que es una etiqueta dada a las «mujeres histéricas»), su significado incoherente y su aplicación estigmatizante.

Esta enfermedad no puede curarse por completo ni existe una medicación específica para ella, pero puede aprenderse a controlar la forma en que se manifiesta. Es muy recomendable la terapia dialéctica conductual, un tipo de psicoterapia que enseña atención plena y conciencia sobre patrones emocionales y conductuales. La terapia basada en la mentalización y la terapia centrada en esquemas también resultan de ayuda.

En pocas palabras
Enfermedad mental crónica caracterizada por estados de ánimo inestables, desregulación emocional y relaciones interpersonales difíciles.

Por qué es importante
Los psicólogos y otros profesionales pueden ayudarlo a manejar estos sentimientos difíciles y las relaciones complicadas que los acompañan.

Figuras clave
Peter Fonagy, n. 1952
Otto Kernberg, n. 1928
Marsha Linehan,
n. 1943

Conceptos relacionados
atención plena, p. 50
resiliencia, p. 70
rasgos de personalidad, p. 112

trastorno bipolar

Es fácil confundir el trastorno bipolar con el trastorno límite de la personalidad, puesto que también implica cambios de humor, inestabilidad e impulsividad. Sin embargo, son muy diferentes. La principal diferencia radica en la naturaleza y la tipología de estos cambios de humor. En el trastorno bipolar, se pasa de un extremo de euforia y sentimiento maniaco (hipomanía) a otro de bajo estado anímico y depresión. A diferencia de quienes padecen trastorno límite de la personalidad, los individuos con bipolaridad tienen un sentido de sí mismos bastante sensato al margen de sus episodios anímicos, que duran relativamente y necesitan tiempo para cambiar (los pacientes pueden experimentar varios cambios en un año). Por el contrario, en el trastorno límite de la personalidad, el estado de ánimo puede cambiar de un día a otro.

Antiguamente, el trastorno bipolar se denominaba «depresión maniaca». Cuando se atraviesa una fase maniaca, hay personas que se sienten en su mejor momento: vivas, creativas y productivas. Al igual que sucede con la depresión, hay muchos creativos conocidos que padecen trastorno bipolar, como Mariah Carey, Stephen Fry y Robert Downey Jr., por nombrar solo algunos. Cabe señalar que los episodios maniacos pueden estar asociados a una mala toma de decisiones, como hacer compras compulsivas o mantener relaciones sexuales de riesgo.

Los episodios maniacos o depresivos pueden verse influidos por circunstancias externas, como las estaciones del año o el embarazo. En algunas personas, el trastorno puede desembocar en psicosis e ideación suicida.

La medicación psiquiátrica y la psicoterapia son los principales tratamientos para el trastorno bipolar, aunque los episodios pueden repetirse a lo largo de la vida.

En pocas palabras
Trastorno de salud mental caracterizado por cambios del estado de ánimo a lo largo del tiempo: de positivo y feliz a muy negativo y deprimido.

Por qué es importante
Los episodios extremos del trastorno bipolar son perturbadores para quienes los padecen y sus seres queridos, y pueden generar problemas en el trabajo y el hogar. Vale la pena conocer cómo funciona este trastorno y qué puede aliviar los síntomas.

Figuras clave
Ellen Frank
David Miklowitz
Kay Redfield Jamison, n. 1946

Conceptos relacionados
psicosis, p. 101
psicoterapia/medicación psiquiátrica, pp. 102–103

estados de flujo

Imagine que está nadando en una carrera: se concentra en los movimientos del cuerpo, la respiración, la potencia de los músculos y la sensación del agua en la piel. Está viviendo el momento, absorto en el nado. El tiempo vuela. Está cansado, pero apenas lo nota. Este es un ejemplo de un estado de flujo, caracterizado por una completa concentración en una sola actividad.

El psicólogo estadounidense de origen húngaro Mihaly Csikszentmihalyi acuñó el término «flujo» para describir esta presencia centrada.

Los estados de flujo se producen cuando existe un equilibrio entre la sensación de control y de dominio. Estar «en estado de flujo» puede tener enormes beneficios para la salud mental y el bienestar. Cuando estamos en ese estado, potenciamos la creatividad, la motivación y la productividad. El flujo está conectado con la regulación emocional, las habilidades y el rendimiento.

Se ha sugerido que, en un estado de flujo, hay menos actividad en la corteza prefrontal del cerebro. El córtex prefrontal normalmente está conectado con la autoconciencia y la función cognitiva superior, por lo que esto bien podría explicar la sensación de que hay una ausencia de tiempo y conciencia cuando estamos en flujo. La teoría de la sincronización sugiere que, en este estado, diferentes regiones del cerebro se comunican entre sí más libremente, mientras que otra investigación ha descubierto que se produce un aumento de la dopamina (la «hormona de la felicidad»). Todas o parte de estas teorías podrían ser ciertas.

En pocas palabras
Estar en estado de flujo es sinónimo de estar «en la zona», o inmerso en un estado de concentración, totalmente absorto en una tarea con cierto nivel de dominio.

Por qué es importante
Conocer este estado especial puede ayudarnos a identificar las actividades y entornos que son mejores para nuestra salud mental.

Personajes clave
Mihalyi Csikszentmihalyi, 1934–2021
Katalin Hefferon
Susan A. Jackson

Conceptos relacionados
estados de ánimo, p. 66
resiliencia, p. 70
inconsciente, p. 147
mente, p. 154

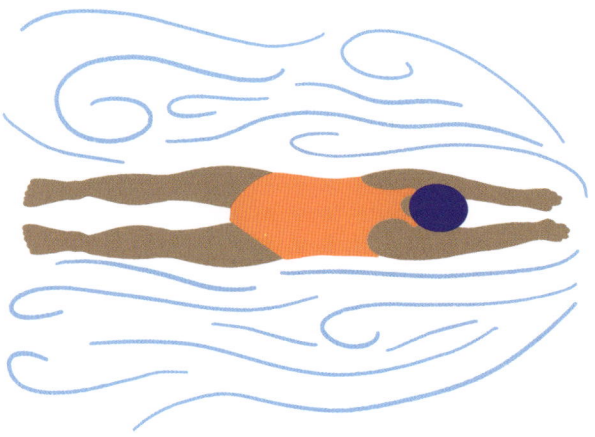

viajes psicodélicos

Al igual que el flujo, un viaje psicodélico es un estado alterado de la conciencia en el que perdemos la noción del tiempo. Sin embargo, esta es la única similitud entre ambos conceptos. En el caso de los viajes psicodélicos, este estado es inducido por sustancias como el LSD, la DMT o la psilocibina (hongos mágicos).

Suelen implicar grandes cambios de percepción, emoción y cognición, y pueden ser experiencias alucinatorias intensas que implican imágenes vívidas, sonidos u olores y un cambio en la forma de verse a uno mismo o la realidad. Pueden experimentarse el nacimiento o la muerte propios, así como la pérdida del ego, mientras la conciencia abarca toda la existencia. Puede sentirse (tal vez por primera vez en mucho tiempo) un amor profundo y verdadero por uno mismo y por todos los seres vivos.

La naturaleza exacta de un viaje psicodélico varía entre cada individuo y depende de las circunstancias personales, el entorno y la dosis. En la década de 1960, se utilizaban sustancias psicodélicas en psicoterapia, pero los cambios sociológicos y políticos frenaron su uso hasta hace fechas recientes. Sin embargo, nuevas investigaciones sugieren que puede haber profundos beneficios curativos y terapéuticos en el uso de los viajes psicodélicos para tratar enfermedades mentales como la depresión o el trastorno de estrés postraumático. En entornos controlados, pueden conducir a conocimientos profundos y cambios de perspectiva, promoviendo el crecimiento psicológico y el bienestar. En la actualidad, las drogas alucinógenas se emplean terapéuticamente, y se están evaluando los resultados del tratamiento. Esta podría ser la medicina del futuro para las enfermedades mentales.

En pocas palabras
Estados alterados de la conciencia que se producen en nuestro cerebro a través de la ingestión de drogas alucinógenas.

Por qué es importante
Los «viajes» médicos constituyen una nueva alternativa para la psicoterapia y la psiquiatría, y pueden tener un impacto significativo en las personas que padecen enfermedades mentales crónicas.

Personajes clave
Robin Carhart-Harris, n. 1980
Roland Griffiths, 1946–2023
Stanislav Grof, n. 1931

Conceptos relacionados
flashbacks/alucinaciones, pp. 62–63
emociones, p. 67

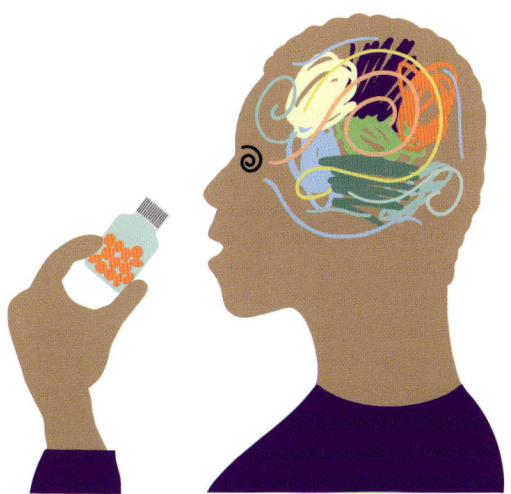

amnesia

Henry Molaison es un caso de amnesia bien estudiado. Alrededor de 1953, Molaison se sometió a una neurocirugía experimental para aliviar sus ataques epilépticos. La operación solucionó las convulsiones, pero también provocó la amnesia del paciente: perdió la memoria. Su caso despertó tanto interés que, tras su muerte en 2008, el cerebro de Molaison fue donado a la ciencia y el proceso de seccionamiento cerebral incluso se retransmitió en línea.

La amnesia es una palabra de origen griego que significa pérdida parcial o completa de la memoria. Afecta a la memoria a corto o largo plazo, y puede ser temporal o permanente. Entre las causas de la temporal se cuentan las conmociones cerebrales, la fiebre alta, el estrés emocional, la drogadicción o la terapia electroconvulsiva. En cuanto a la amnesia a largo plazo, pueden provocarla las lesiones en la cabeza, los traumatismos, la drogadicción y trastornos como la enfermedad de Alzheimer.

Hay muchos tipos de amnesia. En la global, la pérdida de memoria es repentina y temporal, y dura entre unas pocas horas y un día. El individuo está bien pero, de repente, no sabe quién es, dónde está ni por qué. La amnesia retrógrada se produce cuando se pierden recuerdos de hechos anteriores a la amnesia. La anterógrada (como la que desarrolló Molaison) es una capacidad alterada para formar nuevos recuerdos después de la aparición de la amnesia.

El tratamiento depende de la causa, pero, en general, hay un trabajo de rehabilitación para mejorar la función cognitiva: juegos de memoria y de cartas, y confección y memorización de listas de la compra, por ejemplo.

En pocas palabras
Término general para describir la pérdida de memoria, tanto a corto plazo como permanente.

Por qué es importante
La memoria es una parte fundamental de la vida cotidiana, ya que afecta al habla, al aprendizaje y a todas nuestras actividades.

Personajes clave
Brenda Milner, n. 1918
Daniel L. Schacter, n. 1952
Endel Tulving, 1927–2003

Conceptos relacionados
memoria/olvido, pp. 40–41
enfermedad de Alzheimer, p. 152

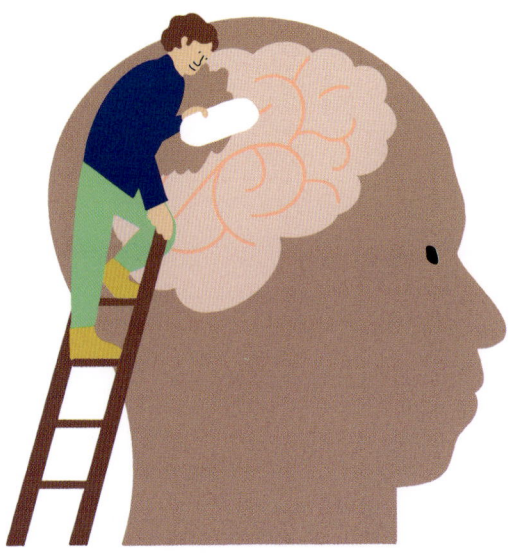

trastorno de identidad disociativo

Las personas que padecen este complejo trastorno psicológico experimentan dos o más rasgos de personalidad. El individuo puede sentir que diferentes aspectos o estados de su identidad tienen el control de su conducta y sus pensamientos en diferentes momentos. Cada uno de sus estados de identidad puede tener diferentes patrones de pensamiento y relación con el mundo.

Podría decirse que la mayoría de las personas que desarrollan el trastorno de identidad disociativo han experimentado traumas repetitivos en la infancia, que van del acoso persistente al maltrato severo. La disociación es una forma de desconectar para cortar con las experiencias malas y agotadoras a las que han estado sometidas.

A diferencia de la amnesia, que es la pérdida de memoria, este trastorno es una alteración de la memoria que suele ir acompañado de una sensación de identidad fragmentada. Mientras que la amnesia generalmente se manifiesta como una incapacidad para recordar hechos o experiencias pasadas, el trastorno de identidad disociativo tiene que ver con la presencia de identidades distintas y separadas, cada una con sus propios recuerdos y conductas.

El tratamiento suele ser la psicoterapia, que puede dar seguridad al individuo y ayudarlo a estabilizar su identidad. La terapia cognitivo conductual resulta útil para las conductas y los pensamientos difíciles. Por su parte, la terapia EMDR (reprocesamiento y desensibilización a través del movimiento ocular) es un buen recurso para tratar traumas concretos y aliviar los síntomas.

En pocas palabras
Trastorno psicológico que se manifiesta a través de la pérdida de recuerdos y distintas expresiones separadas del yo que se dan en una persona.

Por qué es importante
La disociación es una forma de afrontar el dolor psíquico y emocional extremos. Comprender cómo funciona puede ayudar a las personas que la padecen.

Personajes clave
Onno van der Hart, n. 1941
Elizabeth Howell
Richard Kluft, n. 1943
Colin A. Ross, n. 1950

Conceptos relacionados

esquizofrenia

Dementia praecox, que significa demencia precoz, fue el término acuñado por el doctor Emil Kraepelin a finales del siglo XIX para describir lo que hoy en día se conoce como «esquizofrenia». La patología estaba relacionada con ideas de miedo y violencia, así como estereotipos negativos aterradores. Con ejemplos como el doctor Jekyll y el señor Hyde, el Joker o *Psicosis*, la literatura y la cultura pop han influido en la percepción que se tiene de esta enfermedad. Pero los estereotipos son problemáticos.

La esquizofrenia es un trastorno mental grave y crónico que suele caracterizarse por síntomas como alucinaciones, delirios (ambos también síntomas de la psicosis), deterioro del funcionamiento social y pensamiento desorganizado. Quienes no están familiarizados con esta enfermedad asumen que las voces son desagradables y hostiles, pero los esquizofrénicos aseguran que se hacen amigos de ellas y les sirven de consuelo.

Los psiquiatras hablan de síntomas positivos y negativos de la esquizofrenia. Los primeros suelen ser las conductas que «añaden» algo, como alucinaciones o delirios. En cambio, los segundos lo quitan, como la anhedonia, que es la pérdida del disfrute de las cosas, o la abulia, es decir, la falta de ganas de hacer cualquier cosa. En general, se teme a los esquizofrénicos, a menudo debido a cierta cobertura alarmista de los medios de comunicación. Estudios contemporáneos demuestran que solo el 5% de las personas condenadas por asesinato en Inglaterra y Gales fueron diagnosticadas con esquizofrenia. La mayoría de los pacientes con esta enfermedad presentan TOC y ansiedad, oyen voces y han intentado suicidarse.

Gracias a los tratamientos médicos, la terapia cognitivo conductual, el apoyo y los grupos activistas (como la Hearing Voices Network del Reino Unido), los pacientes pueden controlar sus síntomas esquizofrénicos y ser miembros muy útiles de la sociedad.

En pocas palabras
Trastorno de salud mental con una variedad de síntomas angustiantes que incluyen alucinaciones, delirios y pensamiento desorganizado.

Por qué es importante
Las personas que sufren esquizofrenia pueden llevar una vida plena cuando reciben el apoyo adecuado.

Personajes clave
John G. Csernansky, 1954–2022
Irving Gottesman, 1930–2016
Robin Murray, n. 1944

Conceptos relacionados
enfermedad mental, p. 69
medicación psiquiátrica, p. 103
terapia cognitivo conductual, p. 105

psicosis

La psicosis es un síntoma de la esquizofrenia, con la que está estrechamente relacionada, pero también de otros trastornos de salud mental.
Aún es objeto de debate, pero se dice que la esquizofrenia tiene muchas
fases que pueden durar entre semanas y años. En cambio, la psicosis es
un episodio discontinuo y singular, no una enfermedad en evolución.

La psicosis se produce cuando el individuo interpreta la realidad de
maneras muy distintas a los que lo rodean. Puede diagnosticarse si,
persistentemente, se ven o escuchan cosas que no existen (alucinaciones)
o se creen cosas que no son ciertas (delirios). A diferencia de la esquizofrenia, que es una enfermedad crónica, un episodio psicótico puede ser
un evento puntual. O bien pueden experimentarse varios episodios de
psicosis a lo largo de la vida. Pueden manifestarse junto a muchos otros
trastornos mentales, como depresión severa, trastorno bipolar o trastorno de personalidad paranoide. Hay mujeres que incluso experimentan
episodios psicóticos después del parto.

Los primeros episodios de psicosis tienden a ocurrir en personas jóvenes
de 18 a 24 años, y el problema suele detectarse a través de cambios seve-
ros en el estado de ánimo y la conducta (manía extrema o depresión).

Algunos estudios han demostrado que los traumas infantiles (en especial
el abuso sexual en la niñez) pueden ser más prevalentes en los individuos
psicóticos. Por tanto, el tratamiento debe implicar saber qué le pasó a
una persona en lugar de simplemente diagnosticar cuál es su problema.
Este tratamiento suele implicar una combinación de medicación, psicoterapia y apoyo social. A menudo, los equipos especializados pueden
ofrecer intervenciones tempranas.

En pocas palabras
La psicosis se ma-
nifiesta cuando las
personas pierden el
contacto con la reali-
dad. Puede tratarse de
un episodio puntual o
esporádico a lo largo
de la vida. Puede ser
un síntoma de es-
quizofrenia o estar
asociada a otros tras-
tornos mentales, o no.

Por qué es importante
La intervención tem-
prana puede prevenir
la recurrencia de la
psicosis y ayudar a
quienes la padecen.

Personajes clave
David H. Barlow,
n. 1942
Richard Bentall, n. 1956
John Read

Conceptos relacionados
diálogo interno, p. 34
depresión, p. 89
mente/cerebro,
pp. 154–155

psicoterapia

¿Un hombre blanco con barba y gafas? ¿Tumbado en el sofá mientras un terapeuta ávido de dinero analiza sus sueños locos? Estos son los estereotipos habituales de la psicoterapia. En realidad, se trata de una relación única de habla y escucha entre un profesional capacitado y otro ser humano que padece un trastorno psicológico.

Hoy día, la psicoterapia es, básicamente, otra palabra para referirse a la terapia de conversación. Proporciona un entorno de apoyo y sin prejuicios donde las personas pueden explorar pensamientos, sentimientos y conductas. Hablar en psicoterapia no es como hablar con un amigo o familiar. Un terapeuta no tiene una agenda propia. Está separado de su mundo y capacitado para escuchar de verdad, para estar a su lado, aunque eso signifique que le haga cuestionarse las cosas. Relaciona lo que oye sobre su historia con la teoría y la investigación psicológicas. A través de esta relación terapéutica única, las personas obtienen información sobre sus circunstancias y desarrollan estrategias de afrontamiento para lidiar con las dificultades.

Hay muchos tipos de psicoterapia (cognitivo conductual, psicodinámica) y, a veces, los consultores se describen a sí mismos como psicoterapeutas. La principal diferencia entre la consultoría y la psicoterapia es que los consultores tienden a ayudar a las personas con problemas inmediatos en el aquí y ahora, mientras que los psicoterapeutas abordan cuestiones históricas a largo plazo y un crecimiento más profundo. Cualquiera que sea la escuela de psicoterapia, los resultados de las investigaciones demuestran que es la conexión con el terapeuta (la alianza terapéutica) lo que marca la diferencia. Distintas variantes han demostrado ser muy efectivas para tratar problemas como la ansiedad, la depresión y el duelo.

En pocas palabras
Terapia conversacional destinada a ayudar a las personas a afrontar dificultades emocionales y problemas de salud mental más complejos.

Por qué es importante
A medida que las comunidades se fragmentan más y el estrés y la ansiedad aumentan, la psicoterapia ofrece un lugar donde las personas pueden buscar apoyo para las complicaciones mentales.

Personajes clave
Jerome Frank, 1889–1957
Bruce Wampold, n. 1948
Irvin Yalom, n. 1931

Conceptos relacionados
Sigmund Freud/ Carl Jung, p. 30–31
entrevista motivacional, p. 108
inconsciente, p. 147

medicación psiquiátrica

La medicación psiquiátrica y la psicoterapia son tratamientos primordiales para tratar las dificultades y los trastornos de salud mental y, de hecho, suelen utilizarse juntas. La diferencia es que los medicamentos psiquiátricos actúan directamente sobre los sistemas de neurotransmisores del cerebro. Los neurotransmisores son los mensajeros químicos del cuerpo. Transportan información a través del espacio de una neurona a otra, o a un músculo o una glándula. Estos mensajes ayudan a percibir sensaciones y responder a toda la información que se recibe de otras partes internas del cuerpo y del entorno. La medicación psiquiátrica altera la forma en que se interpreta y se experimenta la información en el cerebro, la mente y el cuerpo. Alivia los síntomas de la ansiedad, la depresión o la inestabilidad anímica. Los inhibidores selectivos de la recaptación de serotonina, como la fluoxetina, también conocida como Prozac, hacen esto para la depresión, y los medicamentos antipsicóticos como la risperidona actúan sobre los síntomas psicóticos.

Los medicamentos psiquiátricos se han convertido en parte de nuestra vida cotidiana. Sin embargo, prescribirlos es un arte: no todos funcionan de la misma manera para todo el mundo. Además, la medicación psiquiátrica no cura una enfermedad, aunque ayude a estabilizar el estado anímico y a que los síntomas desaparezcan.

Hay voces críticas sobre la medicación psiquiátrica en relación con las ganancias brutas de la industria farmacéutica. Hay quien argumenta que sería más eficaz abordar problemas mayores (como la vida fragmentada, el maltrato y la pobreza) que drogar a la gente para obtener una «solución rápida». ¿Y usted qué opina?

En pocas palabras
La medicación psiquiátrica se prescribe a personas que sufren trastornos de salud mental para aliviar los síntomas de malestar.

Por qué es importante
Cuando una afección está realmente arraigada, la medicación psiquiátrica puede mejorar el estado de ánimo de una persona para que luego pueda acceder a otro tipo de ayuda o realizar cambios en su vida.

Personajes clave
Peter Breggin, n. 1936
Joseph Glenmullen, n. 1950
David Healy, n. 1954

Conceptos relacionados

terapia psicodinámica

La forma original de la psicoterapia, desarrollada por Sigmund Freud a principios del siglo XX. Aunque este tipo de terapia freudiana a menudo sea objeto de burla y (mala) caracterización en el cine y los medios de comunicación, puede ser una forma valiosa de acceder a nuestra psique para ayudar a la curación psicológica.

A través de las sesiones semanales (o más frecuentes), la terapia explora cómo los pensamientos inconscientes y las experiencias pasadas influyen en las conductas, los sentimientos y las relaciones recientes. La idea, en esencia, es que nuestro pasado determina nuestro presente, tanto si queremos como si no y seamos conscientes de ello o no.

La psicoterapia psicodinámica se centra específicamente en la mente inconsciente, que, según Freud, contiene pensamientos, emociones y recuerdos reprimidos que actúan sobre y a través de nuestro yo presente. El terapeuta aplica técnicas como el análisis de sueños y la asociación libre para analizar estos procesos inconscientes.

Todas estas ideas están basadas en la obra de Sigmund Freud y muchas otras posteriores. La idea es que la curación, la recuperación y el crecimiento se producen cuando comprendemos la dinámica subyacente. Al hacer esto, creamos mecanismos de afrontamiento más saludables, mejoramos la conciencia de uno mismo y podemos vivir vidas más plenas. Esta forma de terapia se utiliza para tratar distintas afecciones, desde molestias leves hasta depresión, ansiedad y trastornos graves del estado de ánimo. La duración puede oscilar entre las 12 sesiones (psicoterapia psicodinámica breve) y terapias más largas que pueden durar años.

En pocas palabras
Terapia conversacional derivada de las teorías y la práctica psicoanalíticas de Sigmund Freud: una forma de analizar el inconsciente.

Por qué es importante
Al ser más consciente de lo que nos impulsa a pensar, sentir y comportarnos como lo hacemos, podemos crear relaciones más felices con nosotros mismos y nuestros seres queridos.

Personajes clave
Sigmund Freud, 1856–1939
Otto Kernberg, n. 1928
Melanie Klein, 1882–1960

Conceptos relacionados
estado de ánimo/emociones, pp. 66–67
resiliencia, p. 70
ansiedad/depresión, pp. 88–89

Hábleme de su infancia.

terapia cognitivo conductual

Al igual que la terapia psicodinámica, la terapia cognitivo conductual tiene el objetivo de mejorar nuestro bienestar a partir del análisis de pensamientos, sentimientos y conductas. Sin embargo, el planteamiento de esta última es mucho más consciente y estructurado. No se remonta al pasado de una persona, ni a su inconsciente.

Aaron Beck, el padre de la terapia cognitivo conductual, empezó siendo psiquiatra y luego se convirtió en psicoanalista. Cada vez más frustrado con el psicoanálisis y la teoría conductual, desarrolló la teoría y la práctica de su terapia en la década de 1960. A los individuos a menudo se les asignan tareas y ejercicios prácticos para ayudarlos a mejorar su vida cotidiana: tareas como la activación conductual (los clientes realizan ciertas actividades y luego las supervisan para valorar su impacto en los estados anímicos y los pensamientos) o la reestructuración cognitiva (en la que se reestructuran los pensamientos negativos de una persona).

La terapia cognitivo conductual es más rígida que la psicodinámica, con una duración de entre 6 y 12, y a veces hasta 20, sesiones de una hora. Se practica mucho en EE. UU., el Reino Unido y Europa, con cientos de estudios que demuestran su eficacia. Sin embargo, algunos de estos hallazgos deben tomarse con cautela, ya que no tienen en cuenta los casos de puerta giratoria, es decir, clientes que regresan en busca de ayuda una y otra vez. Esta terapia también ha sido criticada por su énfasis en la técnica, y no en la importancia de la escucha atenta. Sin embargo, para muchas personas es un valioso tratamiento y una introducción al mundo de los pensamientos, los sentimientos y el uso del lenguaje emocional.

En pocas palabras
Terapia breve y delimitada que ayuda a las personas a superar sus problemas cambiando su forma de pensar y comportarse.

Por qué es importante
La terapia cognitivo conductual es una forma rentable de abordar problemas concretos. Ha sido altamente evaluada y por ello suele ser el tratamiento de elección inicial para muchos.

Personajes clave
Aaron Beck, 1921–2021
David M. Clark, n. 1954
Albert Ellis, 1913–2007

Conceptos relacionados
condicionamiento clásico/operante, pp. 22–23
adicción, p. 87
terapia familiar, p. 106

Los deberes de esta semana son...

terapia familiar

Imagínese estar atrapado en una habitación con toda su familia, discutiendo los entresijos de quién es el favorito, quién lo decepcionó e incluso preguntándose: «¿cómo puedo ser pariente de esta gente?». Bueno, pues esta es la esencia de la mayoría de las sesiones de terapia familiar.

Este tipo de terapia, también denominada sistémica, trabaja con todo el sistema familiar, y es una forma de psicoterapia que se centra en mejorar la comunicación, resolver conflictos y mejorar las relaciones entre los miembros de la familia. Las sesiones quincenales o mensuales se realizan con uno o dos terapeutas además de la familia: hijos, padres/padrastros, abuelos y a veces la familia en su sentido más amplio, incluidos buenos amigos o tías. Los terapeutas intervienen para cuestionar sutilmente las creencias familiares arraigadas y probar hipótesis sobre lo que está sucediendo.

El sistema familiar es un poco como una mesa de billar: una bola se mueve (debido a la muerte del padre, por ejemplo) y esto afecta a la posición relativa de todas las otras bolas (los hijos se acercan para proteger a su madre). Tras otro golpe (la madre conoce a otro hombre), todos se mueven de nuevo.

Cuando se producen acontecimientos difíciles (divorcio, muerte, adicción) en las familias, las relaciones y los patrones de conducta cambian de formas extrañas y maravillosas. La terapia familiar puede ayudar a cambiar formas inútiles de relacionarse unos con otros.

En pocas palabras
Psicoterapia que trabaja con la familia en su conjunto, brindando un espacio para que sus miembros aborden las dificultades juntos.

Por qué es importante
Aunque a veces sea difícil, la terapia familiar puede ayudar a mejorar las relaciones y fortalecer la resiliencia.

Personajes clave
Monica McGoldrick, n. 1943
Salvador Minuchin, 1921–2017
Virginia Satir, 1916–1988

Conceptos relacionados

terapia de pareja

Ali y Mo fueron a hacer terapia de pareja porque tenían problemas. Mo no estaba en casa ninguna noche, estaba absorto en el trabajo. Ali estaba a punto de dejarlo porque nunca estaba presente para las pequeñas cosas y los buenos momentos con su bebé. Hablando de ello con la orientación experta de un desconocido, se dieron cuenta de que Mo tenía la sensación de que sobraba, de que era un inútil. En realidad, no sabía cómo ser padre, en parte porque su propio padre había abandonado el nido cuando él tenía solo dos años. La terapia de pareja los ayudó a resolverlo todo. La clave está en el nombre.

Al igual que la terapia familiar, la de pareja trabaja con más de una persona como cliente. El terapeuta está capacitado para observar la dinámica entre las parejas sentimentales, actuando (más que cualquier otro tipo de terapeuta) como mediador entre individuos para ayudar en la comunicación y los conflictos. Los problemas comunes pueden ser infidelidades, conflictos económicos, problemas sexuales y engaños. Al igual que en la terapia familiar, puede resultar muy difícil para un terapeuta «contener el espacio» y permanecer neutral cuando interactúa con más de una persona.

Esta forma de terapia generalmente comienza con una fase de evaluación, donde se recopilan datos y el terapeuta se hace una idea de las dos personas. Luego, la terapia pasa a la resolución de problemas y los deberes para hacer en casa, como citas nocturnas una vez a la semana sin móviles.

En pocas palabras
Psicoterapia que proporciona un entorno estructurado y de apoyo para parejas.

Por qué es importante
Mejorar relaciones y resolver conflictos puede permitir que los miembros de la pareja lleven una vida más sana desde el punto de vista emocional, normalmente juntos, pero a veces por separado.

Personajes clave
John Gottman, n. 1942
Sue Johnson,
1947–2024
Esther Perel, n. 1958

Conceptos relacionados
apego, p. 124
amor/atracción,
pp. 128–129

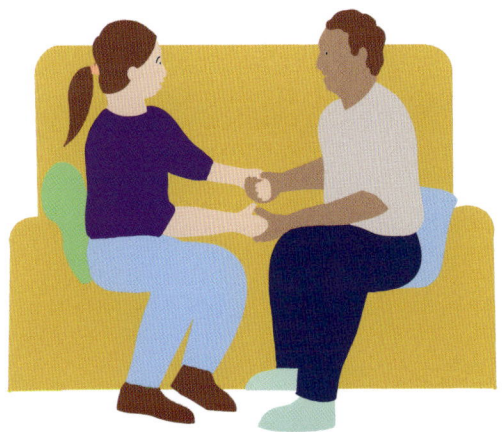

entrevista motivacional

Los psicólogos William Miller y Stephen Rollnick psuieron en práctica la entrevista motivacional en 1983. Es un planteamiento de asesoramiento y terapia diseñado para suscitar y luego fortalecer nuestra motivación intrínseca para el cambio. Por ejemplo, alguien con adicción al juego va a ver a su terapeuta cognitivo conductual. El terapeuta podría utilizar inicialmente técnicas de la entrevista motivacional para averiguar exactamente hasta qué punto está dispuesto a cambiar su conducta.

El terapeuta utilizará técnicas específicas para facilitar el cambio, como preguntas abiertas («¿cómo se siente?»), escucha reflexiva («está diciendo que tiene miedo»), resumen («está diciendo que la adicción lo deprime») y afirmaciones («¡buen trabajo!»). La idea es que el terapeuta potencie la motivación para realizar cambios positivos.

La entrevista motivacional hace hincapié en la colaboración y no en la confrontación ni la persuasión. No importa cuánto desee un terapeuta que un cliente cambie su conducta, sino que la idea es que el cambio solo puede provenir del propio cliente. El trabajo del terapeuta es descubrir los motivadores del cambio y desarrollarlos para que el proceso de recuperación sea lo más fácil posible para el cliente.

Más que una teoría, la entrevista motivacional es una técnica, y ha sido criticada por carecer de una base teórica. Aun así, igualmente es útil porque es panteórica: puede aplicarla cualquier terapeuta independientemente de su escuela de formación.

En pocas palabras
Planteamiento de entrevista terapéutica que fortalece y capacita a una persona para cambiar sus patrones de conducta no deseados.

Por qué es importante
Se ha demostrado que la entrevista motivacional es efectiva para facilitar el cambio de conducta en caso de abuso de sustancias, control de peso y gestión de enfermedades crónicas.

Personajes clave
William Miller, n. 1947
Theresa Moyers
Stephen Rollnick, n. 1952

Conceptos relacionados
consultor psicológico, p. 8
hábito/adicción, pp. 86–87

terapia interpersonal

Este tipo de terapia fue desarrollado en la década de 1970 por Gerald Klerman y la doctora Myrna Weissman como tratamiento para la depresión severa, aunque ahora también se usa para tratar otros problemas de salud mental. Se basa en la teoría interpersonal del psiquiatra estadounidense Harry Stack Sullivan: la idea de que las relaciones interpersonales son la principal fuerza impulsora de la vida humana.

Se trata de una psicoterapia de tiempo limitado, centrada en el apego y altamente estructurada. Suele consistir en sesiones de 12 a 16 horas de duración con un terapeuta capacitado. Durante las primeras sesiones, el terapeuta averiguará los síntomas y los objetivos del cliente, aclarando sus relaciones interpersonales principales. Normalmente, el trabajo se centra en transiciones de roles: cambios de vida como divorciarse o convertirse en padre. En otros casos, la atención se centra en los déficits interpersonales, como problemas en la calidad de las relaciones sociales de alguien.

En la siguiente fase, el terapeuta ayuda a encontrar formas de comprender y abordar los problemas identificados. Puede aplicar estrategias como la clarificación (identificación de patrones), el juego de roles (prueba de distintos estilos de comunicación) y la potenciación del afecto, lo que significa expresar todas las emociones, incluso las feas y odiosas que el cliente preferiría esconder debajo de la alfombra.

La entrevista motivacional y la terapia interpersonal son muy distintas. La primera trata de descubrir el interés de la persona por cambiar y saber si está lista para hacerlo. La segunda, en cambio, se centra en el quid de la cuestión, en el cambio en sí.

En pocas palabras
Se centra en abordar las complicaciones interpersonales y en mejorar el funcionamiento social.

Por qué es importante
Forma de terapia estructurada y centrada en las soluciones que proporciona mecanismos efectivos para lograr el cambio.

Personajes clave
Ellen Frank, n. 1944
John Markowitz, n. 1954
Myrna Weissman, n. 1935

Conceptos relacionados
consultor psicológico/ psicólogo clínico, pp. 8–9
psicoterapia, p. 102

psicología forense

A estas alturas, sabrá que la psicología tiene aplicaciones en casi todos los ámbitos de la vida. La psicología forense es el estudio y la aplicación de los principios de la psicología en el contexto del derecho, lo que nos ayuda a comprender el derecho penal, el poder judicial, las conductas delictivas y cómo se comportan las personas en los jurados y en el banquillo de los acusados.

Hoy día, las teorías de la psicología forense se aplican mucho en contextos jurídicos. El trabajo del psicólogo estadounidense Saul Kassin sobre confesiones falsas, por ejemplo, fue clave para anular la condena de los cinco de Central Park, cinco jóvenes acusados de la violación de Trisha Meili en Nueva York en 1989. Mediante teorías relacionadas con el inconsciente, los prejuicios, las dinámicas de grupo y los testigos oculares, los psicólogos forenses también pueden utilizar sus habilidades para explicar cómo se comportan los jurados en los juicios de los delincuentes declarados culpables.

Pero, quizás el aspecto más conocido de la psicología forense sea el perfil psicológico: el fascinante proceso mediante el cual los psicólogos forenses intentan descubrir quién podría ser el criminal y por qué. Para ello, observan los patrones de conducta, las motivaciones y los rasgos de personalidad de los posibles sospechosos. Al recabar toda esta información, los psicólogos pueden reducir el número de sospechosos en una investigación criminal, lo que significa que los investigadores pueden centrarse en las áreas adecuadas para resolver el caso.

Hoy día, no hay película de fugitivos ni drama de televisión que no estén protagonizados por un psicólogo forense inteligente, ingenioso y, a menudo, atormentado, una imagen convencional que podría explicar la creciente popularidad de la psicología forense al máximo nivel.

En pocas palabras
Aplica teorías psicológicas a todos los campos del derecho, el poder judicial y ayuda a comprender las conductas delictivas.

Por qué es importante
La psicología forense puede ayudarnos a comprender y predecir el funcionamiento de las personas en escenarios de crimen y castigo; lo que puede contribuir a que haya un sistema judicial más justo.

Personajes clave
David Victor Canter
Maryanne Garry
Hugo Munsterberg

Conceptos relacionados
consultor psicológico/psicólogo clínico, pp. 8–9

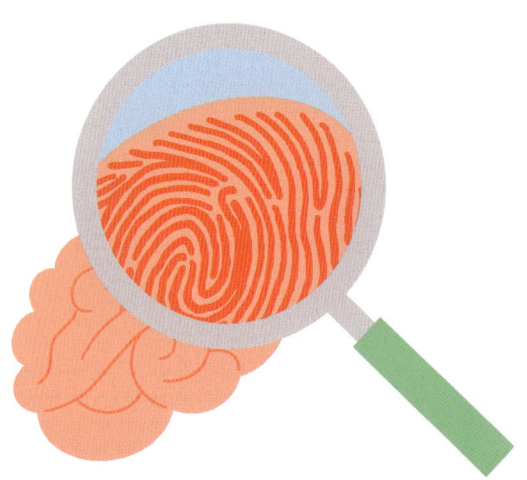

criminología

Tanto la criminología como la psicología forense entrañan el estudio de la conducta criminal, pero tienen enfoques y planteamientos distintos. La criminología gira en torno a la sociología, y los criminólogos utilizan las teorías sociológicas, y no los principios psicológicos, como punto de partida para comprender el mundo de los delitos y las penas.

Los criminólogos analizan la influencia de las estructuras sociales, la cultura y los valores institucionales en la conducta individual. Mientras que los psicólogos forenses se basan en principios psicológicos (los procesos mentales, las emociones, las relaciones y las conductas de los criminales a título individual), los criminólogos analizan esta conducta en relación con la desigualdad social, la dinámica del poder y el cambio social.

Los psicólogos forenses trabajan en la policía, la sanidad pública, el sistema judicial o la empresa privada, mientras que los criminólogos suelen hacerlo en instituciones académicas o de investigación. La criminología engloba una gran variedad de temas, como las teorías de la conducta delictiva, la causalidad del delito y la eficacia de las penas y la rehabilitación. Los criminólogos analizan las tendencias, los *big data* y los factores sociales, y pueden ayudar a definir nuevas políticas en torno a los delitos y las penas.

Tanto la psicología forense como la criminología requieren una profunda comprensión de la conducta humana. La psicología forense es más aplicada y práctica, mientras que la criminología tiende a ser más teórica.

En pocas palabras
Estudio de las conductas delictivas y nuestra manera de reaccionar a ellas a nivel individual o social.

Por qué es importante
Al comprender qué conduce a la delincuencia, podemos empezar a relacionarla con las conductas delictivas para reducirlas y minimizar los daños que provocan.

Personajes clave
Mary Gibson
Cesare Lombroso,
1835–1909
Paul Topinard,
1830–1911

Conceptos relacionados
enfermedad
mental, p. 69

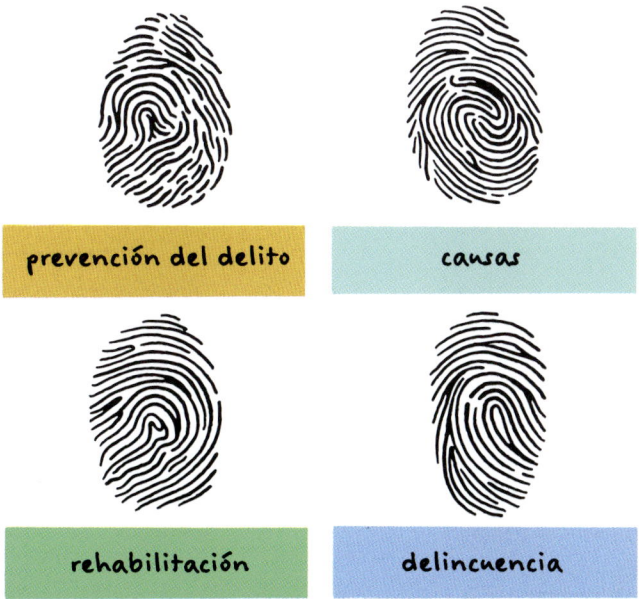

prevención del delito

causas

rehabilitación

delincuencia

rasgos de personalidad

Los rasgos de personalidad pueden ser entrañables o exasperantes. ¿Cuáles son los rasgos clave de su personalidad? ¿Evita los conflictos? ¿Prefiere quedarse tranquilo en casa o es el alma de la fiesta? ¿Su vaso está medio lleno?

Se trata de las características de una persona, las que la hacen ser quien es en distintos entornos, momentos y situaciones. No son entidades del cerebro, sino que representan partes subyacentes de la personalidad e influyen en la percepción de nosotros mismos y la interactuación con los demás.

Se piensa que tenemos los rasgos interiorizados desde el principio (es decir, si se cree que la naturaleza prevalece sobre la crianza). En 1977, Alexander Thomas y Stella Chess sugirieron, a partir de sus investigaciones observacionales, que los bebés revelan temperamentos o rasgos de personalidad desde que nacen. Clasificaron a los niños de este modo:

- **Fáciles** Estos niños generalmente tienen una actitud positiva, se adaptan rápidamente a nuevas situaciones.

- **Difíciles** Estos niños lloran con más frecuencia, les cuesta más adaptarse a nuevas situaciones y habitualmente no siguen rutinas.

- **Lentos en sentirse cómodos** Estos niños se adaptan poco a poco y pueden reaccionar negativamente, pero demuestran una baja intensidad en sus reacciones emocionales.

Los rasgos pueden influir en el comportamiento de una persona de por vida. La amabilidad y la extraversión se asocian con mejores relaciones interpersonales, por ejemplo, y pueden ayudar en el trabajo y la vida familiar. Por otro lado, un nivel elevado del rasgo de neuroticismo puede provocar un aumento del estrés y de la susceptibilidad al malestar psicológico.

En pocas palabras
Características psicológicas generales de una persona.

Por qué es importante
La comprensión de los rasgos y cómo se desarrollan y cambian puede tener efectos cruciales en cómo nos vemos a nosotros mismos y cómo nos ven los demás.

Personajes clave
Gordon Allport, 1897–1967
Raymond Cattell, 1905–1998
Robert McCrae, n. 1949

Conceptos relacionados
neurodiversidad, p. 14
psicología transcultural, p. 26
inteligencia, p. 44
introversión/extraversión, pp. 120–121

roles sociales

Piense en todos los roles que desempeña: madre, maestra, esposo, amigo, hija. Al igual que los rasgos, los roles sociales definen quiénes somos, con la salvedad de que se refieren al conjunto de expectativas que la sociedad tiene de nosotros. La teoría de los roles sociales sostiene que la actividad cotidiana tiene mucho que ver con la interpretación de categorías socialmente definidas. Cada rol es un conjunto de deberes, expectativas, derechos, normas y conductas que una persona tiene que afrontar y/o cumplir.

El modelo de rol social constata que las personas se comportan de manera predecible, y que nuestras conductas son específicas del contexto, basadas en factores como la posición social. Los roles de género son un excelente ejemplo de ello. Antiguamente, la mayoría de las mujeres permanecía en gran medida en el ámbito doméstico y sus roles sociales eran bastante claros: cocinera, limpiadora, madre, cuidadora, sin trabajo, sin ingresos, sin poder. Las expectativas de rol pueden ser inútiles y perpetuar las desigualdades sociales. Sin embargo, al mismo tiempo, algunas expectativas sociales pueden ser útiles, como un pegamento aglutinante. Todo el mundo sabe dónde está y cómo comportarse. Si empieza un nuevo trabajo, aprenderá rápidamente el papel que desempeña en la organización y si se ajusta a su personalidad y expectativas.

Desarrollamos estrés y tensión cuando hay conflicto en nuestros roles sociales. Tomemos el sencillo ejemplo de una madre trabajadora occidental contemporánea. Puede que tenga poder, independencia y autonomía, pero las demandas conflictivas de su tiempo y recursos pueden provocarle un estrés y una ansiedad abrumadores.

En pocas palabras
Los roles sociales interactúan con los rasgos de la personalidad para perfilar la conducta y las experiencias de una persona.

Por qué es importante
Las personas pueden interiorizar las expectativas sociales. Entender la interacción entre los rasgos y los roles sociales nos proporciona información sobre cómo nos movemos en entornos sociales y laborales.

Personajes clave
Judith Butler, n. 1956
Ralph Linton,
1893–1953
Talcott Parsons,
1902–1979

Conceptos relacionados
psicología LGBTQ+,
p. 15
psicología transcultural, p. 26
sesgo de
confirmación, p. 48
bilingüismo, p. 58

tipos de personalidad

«¡Déjalo en paz, es así, es su forma de ser!». ¿Es la personalidad una entidad fija, arraigada en uno mismo, o podemos cambiar y crecer? La psicología lleva siglos planteándose esta pregunta.

Todo empezó en la antigua Grecia con la teoría de los temperamentos. Hipócrates, y más tarde, Galeno, dividió las personalidades en los denominados «cuatro humores». Cada categoría también se correspondía con un fluido corporal: bilis amarilla (personalidad ambiciosa, agresiva e irritable), bilis negra (melancólica), flema (fría, tranquila e impasible) y sangre (sanguínea, alegre y confiada). Más adelante, en el siglo XX, esta teoría fue desarrollada por Carl Jung.

En esencia, la teoría sugiere que hay un número limitado de tipos de personalidad. Una de las manifestaciones más influyentes de este pensamiento en la actualidad es el indicador Myers-Briggs. Se trata de un cuestionario que asigna un valor binario dentro de cuatro categorías: introversión–extraversión, sensación–intuición, pensamiento–sentimiento y juicio–percepción. Después de completar la prueba, a las personas se les asigna un tipo, como INTJ (introvertido, intuitivo, pensador y juzgador) o ESTP (extravertido, sensitivo, pensativo y perceptivo). Existen otras pruebas y descripciones de tipos de personalidad, como el test de la mancha de tinta de Rorschach, en el que una persona proyecta sus propias interpretaciones de lo que ve en varias manchas de tinta. Todas estas pruebas ofrecen pautas útiles sobre lo que nos caracteriza, pero debemos tener cuidado de no creer todo lo que dicen: los tipos de personalidad no están escritos en piedra.

En pocas palabras
Los psicólogos han desarrollado muchos tipos de evaluaciones para probar y descubrir los distintos tipos de personalidad que existen.

Por qué es importante
Si se comprenden los tipos de personalidad, las mejores combinaciones de personas pueden trabajar juntas para obtener los mejores resultados.

Personajes clave
Isabel Briggs Myers, 1897–1980
Katherine Cook Briggs, 1875–1968
David Keirsey, 1921–2013

Conceptos relacionados
naturaleza/crianza, pp. 116–117
introversión/extraversión, pp. 120–121

¿Qué ve?

los cinco grandes rasgos

Este modelo de rasgos de personalidad, conocido propiamente como el modelo de los cinco factores, se utiliza mucho para comprender la forma de ser. Es parte de la teoría que clasifica a las personas por categorías, pero es bastante distinta de las nociones anteriores de tipos de personalidad. Desarrollada en la década de 1980, comprende cinco grandes grupos que reflejan diferentes aspectos de la personalidad individual:

- **Apertura a la experiencia** ¿Es curioso, imaginativo y de mente abierta? Obtendría una puntuación alta en esta escala;

- **Responsabilidad** Obtendría una puntuación alta si es una persona fiable y autodisciplinada que se pone el listón muy alto y se esfuerza por lograr el éxito;

- **Extraversion** Es extravertido, enérgico, asertivo y conversador. Le gustan las emociones fuertes y socializar;

- **Amabilidad** Empático y cooperativo, valora las relaciones armoniosas. Si se enorgullece de cuidar a los demás, obtendrá una puntuación alta en la escala de amabilidad, y

- **Neuroticismo** Podría reflejar una tendencia a experimentar emociones negativas como ansiedad, depresión, estrés y preocupación.

Hay otros modelos para comprender la forma de ser, pero todos son limitados porque no tienen en cuenta el contexto más amplio y simplifican demasiado la naturaleza de la personalidad.

En pocas palabras
Método para calibrar y valorar nuestra personalidad, haciendo hincapié en las subdimensiones de la personalidad y no en categorías concretas.

Por qué es importante
El modelo de los cinco grandes rasgos tiene en cuenta el contexto y la complejidad para ayudarnos a comprender quiénes somos.

Personajes clave
Paul Costa, n. 1942
Lewis Goldberg, n. 1932
Walter Mischel, 1930–2018

Conceptos relacionados

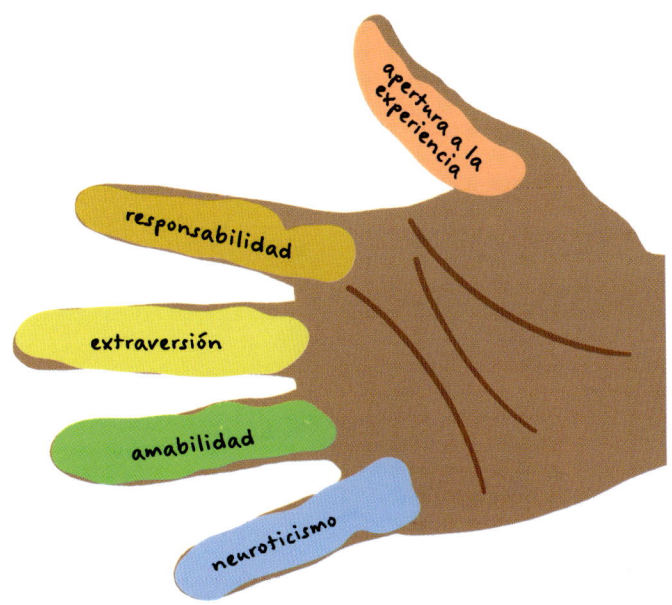

naturaleza

La cuestión de la naturaleza frente a la crianza se nos plantea a la mayoría de nosotros bastante temprano en la adolescencia. ¿Cómo he llegado a ser así? ¿Es por naturaleza o por educación?

En psicología, «naturaleza» se refiere a los factores genéticos, biológicos e innatos que hacen que nos comportemos como lo hacemos. A partir de la genética de la conducta y la psicología evolutiva, los psicólogos estudian los fundamentos biológicos que nos hacen ser quiénes somos.

De acuerdo con la psicología evolutiva, muchos de los aspectos de nuestro comportamiento han evolucionado en respuesta a los problemas que afrontaron nuestros antepasados. Puede que esté en la naturaleza humana temer a las serpientes, por ejemplo, incluso aunque nunca se haya visto una ni a otras personas asustadas por estos reptiles. La psicología de la naturaleza diría que este miedo se ha transmitido de generación en generación, es decir, que nuestros cerebros se han adaptado para interiorizar el miedo instintivo y la precaución ante las serpientes.

Los procesos biológicos en los que intervienen neurotransmisores, hormonas, la estructura cerebral y la genética dan forma a las conductas y cogniciones. Por ejemplo, las hormonas de la menopausia pueden afectar a la psicología y la conducta de la mujer. Una investigación de la Fawcett Society del Reino Unido descubrió que una de cada diez mujeres abandona su trabajo debido al impacto de la menopausia. En otros estudios, se observó que trabajaban a tiempo parcial. Estos cambios se atribuyeron a síntomas físicos y a cambios en las perspectivas vitales. Lo biológico y lo conductual interactúan a través de lo psicológico para moldear la conducta de este grupo concreto. De modo que la naturaleza influye en la conducta y los sentimientos humanos, aunque no de forma aislada.

En pocas palabras
Influencias biológicas (genéticas, hormonales y del funcionamiento cerebral) en las conductas.

Por qué es importante
Es importante reconocer las bases naturales de nuestras conductas para evitar un autoanálisis excesivamente crítico.

Personajes clave
Francis Galton, 1822–1911
Steven Pinker, n. 1954
Edward O. Wilson, 1929–2021

Conceptos relacionados
rasgos de personalidad/roles sociales, pp. 112–113
tipos de personalidad, p. 114
gemelos, p. 118

crianza

No todo puede ser biología, ¿verdad? Al fin y al cabo, somos animales humanos complejos con pensamientos, lenguaje, sentimientos y conciencia. En psicología, el concepto «crianza» se refiere a factores ambientales, experiencias e interacciones sociales que influyen en nuestro desarrollo, pensamientos y conductas. Piense en cómo lo criaron. La cultura familiar, la etnia, la religión, la educación, los hermanos y las amistades habrán tenido una gran influencia para convertirse en quien es.

Los psicólogos se pasan la vida estudiando la influencia de los tipos de crianza, las relaciones entre hermanos y padres, el estatus socioeconómico, las normas culturales y los acontecimientos vitales en las personas. Dos niños, tal vez incluso gemelos, criados en el mismo entorno familiar pueden tener vidas muy diferentes cuando sean adultos. ¿Por qué? Por las relaciones con sus padres, quizás, o la escolaridad o la cultura.

Hoy día, los psicólogos hablan de epigenética (el estudio de cómo las conductas y los entornos pueden alterar la formación de genes) y el modelo biopsicosocial para conceptualizar el modo en que la naturaleza y la crianza interactúan para dar forma a las personalidades y conductas.

La interesante serie de televisión británica *Up* es el punto de vista profano sobre el debate naturaleza-crianza. Estos documentales (realizados y emitidos cada siete años desde 1964, cuando los participantes tenían siete años) han seguido la vida de diez hombres y cuatro mujeres de distintos orígenes. Aunque criticada por sus suposiciones (a menudo paternalistas) sobre la clase social y la inteligencia, la serie da mucho que pensar sobre la interacción entre naturaleza y crianza.

En pocas palabras
Comprender la crianza es una de las grandes inquietudes de buena parte de la psicología.

Por qué es importante
Cuando se entiende la crianza (y su mejor amiga, la naturaleza), se obtiene información valiosa sobre los factores del entorno que nos hacen ser quiénes somos.

Personajes clave
B. F. Skinner, 1904–1990
Lev Vygotsky, 1896–1934
John Watson, 1878–1958

Conceptos relacionados

gemelos

En el caso de los gemelos idénticos, los científicos saben que son dos individuos con la misma estructura genética, por lo que pueden investigar solo las influencias ambientales. Al compararlos con los gemelos fraternos (no idénticos), los psicólogos analizan la contribución relativa que la genética, la biología y los factores ambientales pueden tener sobre la personalidad y la conducta. Por este motivo, los estudios de gemelos parecen ofrecernos una manera de resolver el debate naturaleza-crianza.

Varios estudios de gemelos idénticos han demostrado similitudes notables entre los dos individuos, incluso cuando habían sido separados desde una edad temprana. Muestran similitudes en rasgos de personalidad, inteligencia y temperamento. En 1979, Thomas Bouchard, en su estudio de Minnesota sobre gemelos criados por separado, descubrió que un gemelo idéntico criado lejos de su hermano parece tener aproximadamente las mismas posibilidades de ser similar a este en términos de personalidad, intereses y actitudes que el que ha sido criado conjuntamente, lo que sugiere que los factores genéticos son cruciales.

El King's College de Londres está llevando a cabo otro gran estudio a largo plazo llamado TEDS para estudiar el desarrollo precoz de los gemelos. Hasta ahora, los datos indican que, como tal vez no sea de extrañar, las influencias genéticas y ambientales influyen prácticamente en todos los aspectos del desarrollo conductual.

En pocas palabras
Los estudios de gemelos son una forma eficiente y fiable de que los psicólogos investiguen el papel de la naturaleza y la crianza en el desarrollo.

Por qué es importante
Los estudios de gemelos proporcionan información valiosa sobre el desarrollo de conductas y rasgos psicológicos.

Personajes clave
Thomas Bouchard, n. 1937
Francis Galton, 1822–1911
Nancy Segal, n. 1951

Conceptos relacionados

orden de nacimiento

¿Es el hermano menor o el mayor? ¿Hijo único? Piense en cómo podría haberle afectado. Las investigaciones psicológicas sobre el orden de nacimiento ofrecen perspectivas muy diferentes a las de los estudios sobre gemelos. Los estudios sobre el orden de nacimiento sugieren que la posición que ocupa un niño en el seno de una familia puede moldear su personalidad, su conducta e incluso su inteligencia.

Por ejemplo, en 2015, un estudio concluyó que los primogénitos eran más inteligentes que sus hermanos menores, quizás porque reciben más atención en los primeros años. Sin embargo, los investigadores no encontraron diferencias en cuanto a rasgos de personalidad más amplios como la extraversión, la estabilidad emocional o la imaginación. Todos conocemos a hijos menores creativos, rebeldes y extravertidos a los que parece haberles ido bien pasar desapercibidos para sus padres. Para competir con sus hermanos mayores, se adaptan, recurriendo al humor para hacerse notar, o a la simpatía, la desobediencia o incluso la resiliencia.

Los psicólogos consideran que los hijos medianos son adaptables y diplomáticos. Se desenvuelven bien en la dinámica de tener hermanos mayores y menores, y pueden desarrollar una habilidad especial para fomentar las relaciones. Los primogénitos a menudo son responsables y orientados al logro (Hillary Clinton es la hija mayor), demostrando cualidades de liderazgo y deseo de aprobación.

Por supuesto, se trata de generalizaciones (simplificaciones excesivas, dirían algunos). Las diferencias genéticas, los avatares de la vida y las dinámicas familiares únicas también pueden ser fundamentales para definir nuestra psicología.

En pocas palabras
Los psicólogos analizan y explican el impacto que tiene el orden que se ocupa en el seno familiar en la psicología de la persona.

Por qué es importante
Nuestra posición dentro de la familia puede influir mucho en cómo nos tratan nuestros padres y cómo evolucionamos desde el punto de vista emocional y psicológico.

Personajes clave
Alfred Adler, 1870–1937
Judith Rich Harris, 1938–2018
Kevin Leman, n. 1943

Conceptos relacionados
estados de ánimo/emociones, pp. 66–67
naturaleza/crianza, pp. 116–117
escáner cerebral/electroencefalograma, pp. 150–151

introversión

Las personas introvertidas quieren estar solas. Prefieren la soledad deseada y los entornos tranquilos. Si tuvieran opción, se quedarían con la reflexión interior en lugar de la interacción social. Los introvertidos tienden a ser más meditabundos, reservados y reflexivos que los extravertidos. En cierto modo, las personas introvertidas prefieren la profundidad de la conexión a la cantidad de conexiones (quizás superficiales). Una forma de saber si se es introvertido es realizar un test de personalidad como el indicador Myers-Briggs(véase págg. 114).

Los psicólogos y los científicos no están seguros de que haya una causa concreta de la introversión. Algunos estudios cerebrales han demostrado un mayor flujo de sangre en el lóbulo frontal en los introvertidos, lo que podría explicar sus fortalezas en la resolución de problemas y la planificación anticipada, aunque no está claro si esta característica es una causa o una consecuencia del rasgo de introversión subyacente.

Quizás se pregunte si su mejor amigo introvertido podría tener fobia social, pero esto se da con muy poca frecuencia. Los introvertidos simplemente prefieren su propia compañía. De hecho, muchas personas introvertidas tienen un rico mundo interior. Les gusta explorar sus propios pensamientos, crear ideas o experimentar con pasatiempos. Curiosamente, al ser más reflexivas, se ha descubierto que las personas introvertidas tienen una mayor capacidad para comprender a los demás. ¡Le entienden! Por lo tanto, si se siente un poco frágil emocionalmente, busque una persona introvertida con quien compartir sus problemas. Es probable que entienda muy bien cómo se siente.

En pocas palabras
Rasgo de personalidad caracterizado por una preferencia a pasar tiempo a solas, con tranquilidad, estimulación mínima y espacio para la introspección.

Por qué es importante
La introversión es un aspecto natural de la personalidad con sus propias fortalezas y desafíos. Cada vez reconocemos más lo que la introversión tiene para ofrecernos como sociedad.

Personajes clave
Elaine Aron, n. 1944
Jonathan Cheek

Conceptos relacionados
los cinco grandes rasgos, p. 115
naturaleza/crianza, pp. 116–117
escáner cerebral, p. 150

extraversión

Aunque tanto «extroversión» como «extraversión» son términos correctos, es preferible el uso de este último. De origen latino, está formado por el prefijo latino *extra*, que significa «fuera de», y el verbo *vertere*, que significa «dar vueltas».

La extraversión, un concepto introducido por Carl Jung, es lo opuesto a la introversión, y se caracteriza por la sociabilidad, el entusiasmo, la asertividad y el disfrute de la interacción social. A los extravertidos les gusta hablar y buscar oportunidades de interactuar con otras personas. Son enérgicos y se desenvuelven bien en sociedad.

En ocasiones, las personas extravertidas son acusadas de querer llamar la atención y ser egoístas, pero hay que tener en cuenta que obtienen energía al discutir ideas con otras personas, por lo que, naturalmente, buscan oportunidades para hacerlo. Además de ser sociables, los extravertidos tienden a ser cálidos y a mostrar empatía y simpatía hacia los demás. Por este motivo, suelen trabajar en ámbitos como las relaciones públicas, en los que es imprescindible contar con habilidades comunicativas.

Como ocurre con todos los rasgos de personalidad, la cuestión naturaleza-crianza está en el aire. Sin duda, hay formas de volverse más extravertido si eso es lo que se desea: visualizar situaciones sociales, buscar más interacciones, superar más los propios límites y, al mismo tiempo, programar tiempo de descanso para uno mismo.

En pocas palabras
Rasgo de personalidad que distingue a las personas que prefieren entornos de estimulación social.

Por qué es importante
En general, se piensa que los extravertidos tienen una ventaja social sobre sus homólogos introvertidos. Hoy día, sin embargo, con el creciente conocimiento de los atributos únicos de los introvertidos, la división no está tan clara.

Personajes clave
Hans Eysenck, 1916–1997
Jeffrey Alan Gray, 1934–2004
Carl Jung, 1875–1961

Conceptos relacionados
rasgos de personalidad, p. 112
gemelos, p. 118
narcisismo/psicopatía, pp. 122–123

narcisismo

Este término se utiliza mucho, pero quizás se comprenda poco. Tiene su origen en el mito griego del cazador Narciso, que vio su reflejo en el agua de un estanque y se enamoró de él. Anhelando esta belleza (a sí mismo), sin poder tenerla nunca, murió junto al estanque. Las personas que son narcisistas se enamoran de sí mismas, lo cual es tan peligroso como da a entender el mito.

El trastorno narcisista de la personalidad es una afección psicológica caracterizada por patrones generalizados de grandiosidad, necesidad constante de admiración y un sentido exagerado de uno mismo. Cabe destacar que no todas las personas que revelan signos de narcisismo padecen este trastorno. Las que sí lo padecen, exageran sus habilidades, y buscan la constante admiración y validación de los demás. Se creen especiales, y muchas veces muestran falta de empatía. Incluso pueden llegar a explotar a los demás para lograr sus objetivos y mantener su sentido de la superioridad. Por ejemplo, en el entorno laboral podrían crear una situación para que llevarse todo el mérito del trabajo que ha realizado otra persona.

Las personas con tendencias narcisistas pueden manifestar amor y crear vínculos, pero, ocasionalmente, exhiben conductas de egoísmo o engrandecimiento personal. Las que tienen un diagnóstico real de trastorno narcisista de la personalidad muestran un egoísmo persistente y nunca pueden mostrar empatía. Es poco probable que creen vínculos profundos.

En pocas palabras
Conducta caracterizada por la autopromoción, la manipulación y el abuso emocional.

Por qué es importante
Conocer el narcisismo puede ayudarnos a comprender a qué nos enfrentamos cuando vemos estas características en nosotros mismos o en otra persona.

Personajes clave
Sigmund Freud, 1856–1939
Otto Kernberg, n. 1928
Heinz Kohut, 1913–1981

Conceptos relacionados
ansiedad, p. 88
terapia psicodinámica, p. 104
rasgos de personalidad, p. 112

psicopatía

La película *American Psycho* (2000), sobre un rico banquero de inversiones que lleva una doble vida como sádico asesino en serie, es una caracterización muy conocida de un psicópata. Y las caracterizaciones cinematográficas, para bien o para mal, influyen en la percepción pública de la enfermedad mental. Sin embargo, en realidad, la psicopatía es una enfermedad psicológica caracterizada por una serie de rasgos interpersonales afectivos (es decir, emocionales) y conductuales como el encanto superficial, la manipulación, la impulsividad y el desprecio por las normas sociales y los valores morales.

Un psicópata puede revelar rasgos narcisistas, pero no es lo mismo que un narcisista. Puede parecer completamente normal, y a menudo resulta encantador, pero en el fondo carece completamente de conciencia y sentimientos por el prójimo. Esto hace que los psicópatas a menudo tengan conductas criminales.

¿Por qué alguien se vuelve así? Las investigaciones psicológicas lo atribuyen a problemas precoces de apego entre padres e hijos. Pero no todas las personas que han experimentado abusos o han sufrido malos apegos se convierten en psicópatas. Por eso, otros expertos dicen que una persona nace de esa manera: vuelve a aparecer el antiguo debate entre naturaleza y crianza. En realidad, es probable que la psicopatía se deba a una combinación de genética, problemas neurológicos, crianza adversa y riesgos prenatales maternos, como toxicidad en el útero.

Se estima que solo el 0,6 % de la población padece psicopatía. El tratamiento para esta enfermedad varía. Hay quien dice que no hay nada que hacer, pero otros estudios aseguran que la terapia cognitivo conductual es útil para algunas conductas psicópatas, como los delitos sexuales.

En pocas palabras
Trastorno de la personalidad severo y crónico con importantes implicaciones para quien lo padece y para la sociedad.

Por qué es importante
En los casos más graves, la psicopatía puede llevar a las personas a cometer delitos violentos sin tener remordimientos. Sin embargo, con tratamiento temprano, los psicópatas pueden encarrilarse y llevar una vida plena.

Personajes clave
Hervey Cleckley, 1903–1984
Robert Hare, n. 1934
David Lykken, 1928–2006

Conceptos relacionados
neuroplasticidad, p. 27
naturaleza/crianza, pp. 116–117
consciente/inconsciente, pp. 146–147

apego

Los deportistas lo practican, los coristas lo practican, los amantes lo practican… Y, por supuesto, los bebés y sus cuidadores, también. El apego es el vínculo emocional único que se crea entre dos personas. Normalmente, este término se utiliza para referirse a los bebés y sus cuidadores, pero el apego también se da entre niños, jóvenes y adultos. Se trata de un aspecto fundamental del desarrollo humano que es crucial para el bienestar emocional, el funcionamiento social y las relaciones saludables a lo largo de la vida.

A lo largo de los años, muchos psicólogos, médicos y etnólogos han desarrollado teorías del apego y el vínculo. En 1958, el psiquiatra británico John Bowlby formuló la noción del vínculo afectivo: la necesidad humana universal de buscar cercanía con otra persona y sentirse seguro cuando esa persona está presente. También desarrolló teorías del apego seguro e inseguro que se aplican mucho en la actualidad. Los experimentos con monos del psicólogo estadounidense Harry Harlow a principios de la década de 1960 demostraron que, si podían elegir, los monos preferían crear un vínculo con las «madres» de peluche que no tenían leche antes que con las frías «madres» de alambre que tenían botellas de leche. Los monos buscaban calidez, suavidad y contacto. Posteriormente, en la década de 1970, los pediatras Marshall Klaus y John Kennell sugirieron que, después del nacimiento de un bebé humano, hay un periodo de sensibilidad para un desarrollo y apego óptimos. La madre y el bebé deben tener contacto piel con piel inmediatamente después del nacimiento. Hoy día, este hallazgo se pone mucho en práctica en las unidades de maternidad de los hospitales.

En pocas palabras
Concepto que se refiere a la importancia de la conexión emocional y la confianza en la infancia.

Por qué es importante
Al comprender el proceso y la dinámica del apego, la persona puede cultivar conexiones más profundas y significativas con los demás.

Personajes clave
Mary Ainsworth, 1913–1999
John Bowlby, 1907–1990
Mary Main, 1943–2023

Conceptos relacionados
duelo/separación, pp. 74–75
terapia de pareja, p. 107
amor, p. 128

apego ansioso

El apego ansioso es un tipo de apego que no es saludable. ¿Alguna vez ha visto niños dependientes, enmadrados o empadrados, o quizás completamente enganchados a una pantalla? Estos niños manifiestan un apego ansioso. Si este apego lo padece un adulto, hace un gran esfuerzo por mantener las relaciones, hasta el punto de sacrificarse, y tiene inmensas dificultades para recibir críticas o rechazo.

El apego ansioso es uno de los tipos de apego clave acuñados por el psiquiatra y psicoanalista John Bowlby y la psicóloga Mary Ainsworth a los que se hace referencia en educación y atención social, así como en entornos terapéuticos. Son estos cuatro:

- **evitativo**, marcado por problemas de intimidad;

- **ansioso**, el que se ha descrito más arriba;

- **seguro**, caracterizado por sentimientos de seguridad y confianza, y

- **desorganizado**, marcado por conductas mixtas de apego y evitación.

El apego ansioso suele desarrollarse temprano. El bebé, y más tarde el adulto, desarrolla una hiperconciencia de las amenazas a sus relaciones. ¿Cómo sucede esto? Por supuesto, podría ser genético: a los cuatro meses, los bebés pueden mostrar signos de desinhibición conductual, como palpitaciones del corazón y miedo a los extraños, lo que se vincula a una posterior ansiedad por separación. Del mismo modo, la ansiedad por el apego puede deberse a una crianza irregular o al abuso.

Como suele ocurrir en psicología, la noción de estas categorías como entidades fijas libres de contexto cultural y social es controvertida.

En pocas palabras
Forma de apego que se desarrolla en la infancia debido a una crianza imprevisible y contradictoria (y, posiblemente, a la genética).

Por qué es importante
Las relaciones sanas se basan en la confianza y la intimidad emocional. Comprender este mecanismo puede evitar ciclos inútiles de apego.

Personajes clave
John Bowlby, 1907–1990
Cindy Hazan
Phillip Shaver, n. 1944

Conceptos relacionados

autoestima

Sentir que se tiene poco control de la vida propia, menospreciarse constantemente, tener dificultades para reforzar los límites, adoptar conductas para agradar a la gente o compararse desfavorablemente con los demás: todos estos son ejemplos de baja autoestima. La autoestima se refiere a la valoración de nosotros mismos, es decir, las apreciaciones propias de nuestra valía o capacidades. La autoestima refleja hasta qué punto nos sentimos seguros, competentes y dignos de respeto.

La falta de autoestima puede provocar todo tipo de contratiempos (no buscar un ascenso o no participar en una competición de un deporte que nos encanta, por ejemplo), pero también problemas más graves como ansiedad o sentimientos de depresión. En tales casos puede crearse un círculo vicioso, en el que los sentimientos de depresión conducen a una baja autoestima y la baja autoestima crea más sentimientos de depresión, en una espiral de negatividad.

Una autoestima baja se puede atribuir a muchas y diversas influencias: relaciones personales, paternidad, escolarización, relaciones entre hermanos, expectativas culturales y percepciones internas. Las experiencias positivas como los elogios y el reconocimiento pueden reforzar la autoestima, pero suele ser algo temporal. Para construir una autoestima saludable y duradera se necesita trabajo, como desafiar las creencias negativas, cultivar la conciencia de uno mismo, establecer metas realistas y practicar la autocompasión. La terapia individual y el apoyo social a menudo pueden ayudar a reforzar la baja autoestima y aumentar la confianza, al igual que los actos de amabilidad y gratitud.

En pocas palabras
Valoración personal que hace alguien de su propia valía.

Por qué es importante
Un sentido positivo de la autoestima es imprescindible para construir relaciones, lograr metas y, en última instancia, sentirse felices y realizados.

Personajes clave
Nathaniel Branden, 1930–2014
Ralph Waldo Emerson, 1803–1882
Morris Rosenberg, 1922–1992

Conceptos relacionados

¡Yo lo valgo!

autoeficacia

Si la autoestima está alta, la autoeficacia también lo estará. Los dos conceptos guardan relación pero son distintos. La autoeficacia (llamada así por el psicólogo Albert Bandura a mediados de la década de 1970) se refiere a nuestras creencias respecto a la propia capacidad para realizar con éxito una tarea, alcanzar objetivos o afrontar retos.

Quizás acaba de terminar una entrevista de trabajo. Realmente cree que lo ha hecho bien porque se había preparado a conciencia, ha respondido correctamente las preguntas, ha aprendido de los comentarios de entrevistas anteriores y sabe que tiene las habilidades para hacer el trabajo. Simplemente percibe que le ha ido bien. Tiene un fuerte sentido de la autoeficacia.

Nuestra autoeficacia está influida por un sentido del dominio (éxitos y fracasos pasados), experiencias vicarias (observar los éxitos y fracasos de los demás), persuasión social (*feedback* y compromiso de los demás) y, en lo inmediato, estados fisiológicos y emocionales (sensaciones físicas y activación emocional).

La mayoría de las personas que cumplen sus deseos, disfrutan de bienestar psicológico y se desenvuelven bien, tendrán un alto sentido de la autoeficacia. Serán optimistas y creerán que son dueños de su propio éxito y satisfacción. La baja autoeficacia se asocia con experiencias de impotencia aprendida, donde se enfrenta un desafío tras otro, creyendo que no puede lograrse un resultado exitoso. ¿Qué fue primero, el fracaso o la creencia de que se fracasará? La baja autoeficacia puede desarrollarse como resultado de fracasos repetidos, o puede ser que nos impliquemos en situaciones en las que es probable que fracasemos y esto conduce a una baja autoeficacia.

En pocas palabras
Creencias que alguien tiene respecto a su propia capacidad de hacer algo bien.

Por qué es importante
La autoeficacia es un concepto útil para ayudarnos a asumir riesgos, aprender nuevas habilidades y afrontar nuevos retos en el trabajo, el juego y nuestras relaciones.

Personajes clave
Albert Bandura, 1925–2021
Julian Rotter, 1916–2014
Martin Seligman, n. 1942

Conceptos relacionados

¡Puedo hacerlo!

amor

«Mi generosidad es tan ilimitada como el mar / Mi amor tan profundo. Cuanto más te doy, más tengo, porque ambos son infinitos». Eso le dice Julieta a Romeo en la famosa escena del balcón de la obra de Shakespeare. En psicología, la definición de amor es mucho menos poética. Se define como un conjunto de emociones y conductas caracterizados por la intimidad, la pasión y el compromiso. Implica cuidado, cercanía, protección, atracción, cariño y confianza. Muchos dicen que no es una emoción, sino un impulso fisiológico imprescindible.

Existen varias teorías psicológicas del amor. La principal, de Zick Rubin, de 1970, se refiere a gustar frente a amar, siendo la característica distintiva de esto último que cuando amamos a alguien nos preocupamos tanto por las necesidades de esa persona como por las nuestras. Así que, la próxima vez que cuide a un familiar, a una pareja o a un hijo enfermos, recuerde esta definición. Estrá viviendo el amor.

En 1988, la psicóloga Elaine Hatfield se sumó a las teorías de amor proponiendo que hay dos tipos básicos: el compasivo y el apasionado. El segundo se produce cuando experimentamos una mayor excitación fisiológica en presencia de otra persona. Este amor es transitorio, según Hatfield, y suele durar entre 6 y 30 meses. Idealmente, el amor apasionado conduce a un amor compasivo, que es más profundo, se preocupa por la otra persona y es mucho más duradero.

En pocas palabras
Los componentes clave del amor son la intimidad, el compromiso, la compasión y las respuestas fisiológicas que están vinculadas a los apegos infantiles.

Por qué es importante
Sus sentimientos respecto a su familia y amigos, incluso la elección de su pareja de vida, pueden verse influidos por sus experiencias amorosas.

Personajes clave
Mary Ainsworth, 1913–1999
Helen Fisher, n. 1945
Robert Sternberg, n. 1949

Conceptos relacionados

atracción

La atracción puede provocar un amor romántico, pero es muy diferente. La atracción física se caracteriza por cambios fisiológicos en el cuerpo y una liberación de sustancias químicas en el cerebro. La atracción activa el córtex orbitofrontal del cerebro, que es la parte que procesa las recompensas sensoriales. Estas reacciones fisiológicas pueden hacer que se sienta nervioso y sonría o imite inconscientemente los movimientos corporales de la otra persona.

Suponemos que la atracción comienza con la apariencia física, pero no siempre es así. Puede estar provocada por el intelecto, el humor, el poder o cualquier otra cosa. En estos casos, la atracción física es secundaria.

En varios experimentos psicológicos, se ha intentado valorar el atractivo y sus factores influyentes. Por ejemplo, Donald Dutton y Arthur Aron, en su estudio sobre «puentes» de 1974, descubrieron que los hombres que cruzaban un puente más alto se sentían más atraídos por una investigadora que aquellos que habían cruzado un puente más bajo para saludarla. Los mayores niveles de atracción se debieron a que los participantes atribuyeron erróneamente los sentimientos de excitación sensorial del puente alto a la investigadora. En otro experimento, los psicólogos pidieron a los participantes que calificaran tanto el atractivo como los logros percibidos al mirar distintas fotografías de retratos. Los rostros calificados como más atractivos también fueron juzgados por tener muchos otros atributos positivos: mejores trabajos, relaciones y vidas. Al parecer, vale la pena ser atractivo: la gente tendrá una mejor opinión de usted, al menos a primera vista.

En pocas palabras
Respuesta física al atractivo de una persona, desencadenada por la liberación de sustancias químicas cerebrales, que se manifiesta con cambios de conducta, pensamientos y sentimientos.

Por qué es importante
Hay que ser consciente de los procesos fisiológicos y psicológicos involucrados en la atracción, ya que influye en cómo tratamos a quienes nos rodean y cómo ellos nos tratan a nosotros.

Personajes clave
Arthur Aron, n. 1945
Leon Festinger, 1919–1989
Robert Zajonc, 1923–2008

Conceptos relacionados
salud mental, p. 68
estados de flujo, p. 96
escáner cerebral, p. 150

obediencia

«¡Limpia tu cuarto ya!».
«¿Por qué?».
«¡Porque lo digo yo!».

En esencia, la obediencia surge de la socialización en la infancia. Padres, maestros o líderes religiosos, todos nos dicen qué hacer y cómo comportarnos. Hasta cierto punto, la sociedad necesita un nivel de cumplimiento por parte de sus miembros para funcionar sin problemas. Pero, un exceso de obediencia a la autoridad puede llevar a una excesiva aceptación social de conductas destructivas («¡solo estaba siguiendo órdenes!»).

Los psicólogos han descubierto que las personas cumplen con la autoridad para evitar el rechazo, el castigo o la desaprobación de las personas que tengan más responsabilidad que ellas. El famoso experimento de Stanley Milgram de la Universidad de Yale es el ejemplo perfecto de esto. Los participantes en el experimento simplemente obedecieron las órdenes del «hombre de la bata blanca» y administraron falsas descargas eléctricas «dolorosas» a sus sujetos, a pesar de sus gritos de dolor. Fueron obedientes aunque causaran daño a alguien.

Los psicólogos sociales han tratado de explicar esto diciendo que podemos delegar la responsabilidad en el experto. Si el tipo de la bata nos dice que está bien, está bien. Nos vemos a nosotros mismos como meros intermediarios que realizan una tarea. El experimento Milgram se llevó a cabo en 1961. Sería bueno pensar que la sociedad es menos deferente hoy en día. Lamentablemente, en una replicación más reciente del experimento, realizada en 2009, se observó que las tasas de cumplimiento eran solo ligeramente más bajas que las encontradas por Milgram y que no había diferencia entre hombres y mujeres.

En pocas palabras
Mecanismo psicológico que nos hace cumplir con las figuras de autoridad.

Por qué es importante
La obediencia ciega es peligrosa. Comprender la obediencia es crucial para ayudarnos a desafiar a la autoridad cuando sea necesario para que no actuemos de manera poco ética.

Personajes clave
Solomon Asch, 1907–1996
Stanley Milgram, 1933–1984
Philip Zimbardo, n. 1933

Conceptos relacionados

conformidad

Los adolescentes (generalmente considerados el grupo de edad más rebelde e incluso desobediente) también pueden ser los más conformistas. Usan la misma ropa, hablan la misma jerga, no quieren ser diferentes. ¡Es una hermosa paradoja que ilustra claramente las diferencias entre conformidad y obediencia!

La conformidad no tiene ningún elemento de jerarquía de poder, no opera bajo órdenes de arriba sino que funciona a través de señales sutiles y expectativas implícitas dentro de los grupos. Es el deseo de encajar y ganar aprobación social o evitar el rechazo. Empieza al compararnos con los demás y luego modificar nuestros pensamientos y conductas para que estén de acuerdo con las normas grupales percibidas. La conformidad suele estar impulsada por la necesidad de validación: pertenecer y ser aceptado socialmente. El tamaño del grupo, la demografía y el apego influyen en las conductas de conformidad.

El estudio más famoso sobre conformidad fue elaborado por el psicólogo social pionero Solomon Asch. A los grupos de participantes se les realizó una prueba visual. Se les mostró una serie de líneas y se les pidió que dijeran cuál era la más larga o la más corta. Asch colocó a unos actores en el grupo para que dieran respuestas falsas. Descubrió que el 75 % de las personas estaban de acuerdo con los actores y aceptaban sus respuestas, incluso cuando sabían que estaban equivocados. Asch descubrió que cuando los participantes daban sus respuestas en privado había menos conformidad. Llegó a la conclusión de que, en entornos grupales, la mayoría de la gente se conforma. Estos hallazgos tienen implicaciones importantes para todo tipo de entornos, en especial jurados, Gobiernos, guerras, terrorismo y, en un nivel diferente, programas de telerrealidad.

En pocas palabras
Proceso por el que modificamos nuestras ideas y actitudes para que estén en consonancia con normas de grupo o expectativas sociales.

Por qué es importante
Pasamos la mayor parte del tiempo en grupos. Tenemos que saber cómo funcionan, quién es el jefe y nuestro papel en la colaboración o la defensa de lo que no es popular.

Personajes clave
Solomon Asch, 1907–1996
Irving Janis, 1918–1990
Muzafer Sherif, 1906–1988

Conceptos relacionados
sesgo de confirmación, p. 48
rasgos de personalidad/roles sociales, pp. 112–113

¿Somos conformistas?

soledad no deseada

No hace mucho que millones de personas de todo el mundo estaban confinadas en sus hogares, muchas de ellas sin compañía, sin afecto físico y sin interacción humana. Incluso sin la conmoción y el trauma de la enfermedad o la muerte, la pandemia global de Covid-19 hizo que muchas personas se sintieran más solas que nunca.

Pero la soledad no deseada es más que una mera ausencia de interacción social. Puede sentirse solo aunque esté con su pareja, su familia o en un grupo grande. Este tipo de soledad es un estado emocional complejo y profundamente sentido, caracterizado por una enorme falta de conexión. Suele conllevar sentimientos personales de vacío, tristeza y falta de pertenencia, aunque haya personas cerca. Estos sentimientos pueden hacer que la persona en cuestión se aleje aún más de la vida social. La soledad no deseada también se asocia con mayores niveles de estrés y enfermedad física.

En 2018 (antes de la pandemia), en un gran estudio realizado en EE. UU., se observó que la mitad de las personas encuestadas afirmaban sentirse solas todos los días. El informe del general Vivek Murthy también descubrió que el riesgo de muerte prematura por soledad no deseada aumenta en un 29% en combinación con el aislamiento social.

En definitiva, la soledad no deseada no es buena. El teletrabajo, las compras virtuales y los hogares unipersonales no siempre ayudan a combatirla. Siempre que sea posible, debemos salir y conectarnos con la vida real. Por otro lado, la vida a través de Internet es una manera maravillosa de aliviar la soledad no deseada para aquellos que, por cualquier motivo, tienen dificultades para conectar en persona.

En pocas palabras
Complicado estado psicológico de aislamiento y falta de conexión. Puede hacernos sentir tristes y sin confianza en nosotros mismos.

Por qué es importante
Informes recientes sugieren que el 33 % de la población mundial padece soledad no deseada. Un sorprendente 50 % de la población de Brasil afirmó sentir este tipo de soledad.

Personajes clave
John Cacioppo, 1951–2018
Louise Hawkley

Conceptos relacionados
emociones, p. 67
terapia de pareja, p. 107
terapia interpersonal, p. 109

soledad deseada

¿Cuándo fue la última vez que tuvo un momento de paz y tranquilidad? ¿Qué hizo en su momento de soledad? ¿Se impacientó y se preocupó? ¿Encendió el televisor o miró el móvil? ¿Abrazó la soledad deseada y escuchó música, leyó un libro, meditó, caminó en solitario? La soledad deseada es similar a la no deseada en que se está solo. La diferencia es que la primera es voluntaria.

Cuando buscamos este tipo de soledad, deseamos un espacio lejos del mundanal ruido. Buscamos reflexión personal, relajación o la oportunidad de ejercitar la creatividad. A diferencia de la soledad no deseada, la deseada puede ser una experiencia enriquecedora y de conexión.

Hay personas que evitan a toda costa este tipo de soledad. Para ello, se mantienen ocupadas cada minuto del día para no enfrentarse al aburrimiento o a los demonios (sentimientos dolorosos de ira o tristeza). Otras toman la decisión consciente de rejuvenecer, lejos de las exigencias de las interacciones sociales, y perciben la soledad deseada como un regalo. Por lo tanto, nuestra forma de experimentar este tipo de soledad es bastante subjetiva.

En definitiva, la principal diferencia entre la soledad deseada y la no deseada tiene que ver con sus percepciones y expectativas sociales. Un día puede estar solo y sentirse genial por ello, pero, otros días, no tanto. Los psicólogos sugieren que al encontrar un equilibrio entre la soledad deseada (tiempo solo intencional) y las actividades sociales, podemos cultivar la resiliencia, la autosuficiencia y un sentido más profundo de alegría y plenitud.

En pocas palabras
Elección intencional de estar solo con sus propios pensamientos y sentimientos.

Por qué es importante
Es necesario pasar tiempo a solas para experimentar nuestras propias ideas y disfrutar de la autosuficiencia.

Personajes clave
Sara Maitland, n. 1950
Anthony Storr,
1920–2001
Robert Yin

Conceptos relacionados
procrastinación, p. 57
ansiedad, p. 88
autoeficacia, p. 127

altruismo

¿Ha ayudado a alguien hoy? ¿Ha dado dinero para una causa benéfica? ¿Ha compartido el almuerzo con un compañero de trabajo? Todo esto son actos altruistas. El altruismo es la preocupación desinteresada, la amabilidad o el afecto que se ofrece a otras personas. Forma parte de la categoría de lo que los psicólogos llaman conducta prosocial, es decir, acciones que benefician a otras personas, sin importar el motivo. En algunos casos, los actos de altruismo llevan a sacrificarse solo para poder ayudar a otros. ¿Por qué?

Los psicólogos evolucionistas están convencidos de que las conductas altruistas se emprenden, no por tener un corazón bondadoso, sino por la supervivencia colectiva de la especie y el éxito reproductivo. El altruismo se produce, según esta teoría, debido a la selección natural, la «supervivencia del más apto». Si queremos sobrevivir como especie tenemos que trabajar juntos, y ser altruista facilita este proceso. Esto se relaciona con la teoría del parentesco genético, que afirma que si está conectado genéticamente con otra persona, es más probable que la ayude. Quizás esta sea una razón inherente al nepotismo. Otra razón para el altruismo es el efecto recíproco («yo te rasco la espalda a ti y tú me la rascas a mí»). Cuando somos altruistas, según los neuropsicólogos, se estimulan determinados centros de recompensa del cerebro. Estos sistemas de recompensa cerebral nos hacen sentir bien. Y, por ese motivo, repetimos esas conductas altruistas, para volver a tener esa sensación. Por lo visto, no somos tan desinteresados.

En pocas palabras
Conducta prosocial, amable y compasiva, por la que anteponemos las necesidades de los demás a las nuestras.

Por qué es importante
Podría decirse que el altruismo es una forma de medir la salud y el bienestar individual y social. Lo consideramos una señal de una comunidad saludable que funciona bien.

Personajes clave
Daniel Batson, n. 1943
Martin Nowak, n. 1965
E. O. Wilson, 1929–2021

Conceptos relacionados
psicología positiva, p. 29
sabiduría, p. 45
roles sociales, p. 113

efecto espectador

Casi lo opuesto al altruismo, el efecto espectador se da cuando, consciente o inconscientemente, ignoramos las necesidades de los demás. Es un fenómeno psicológico que se produce cuando, en una situación crítica, no intervenimos: simplemente nos quedamos sentados, o más bien nos quedamos inmóviles. Todos lo hemos visto: acosan a alguien en el transporte público y nadie dice nada. ¿Por qué?

Los psicólogos sociales lo atribuyen a varios mecanismos. En primer lugar, la difusión de la responsabilidad: en un tren, por ejemplo, donde hay otras personas, nos sentimos menos responsables personalmente de lo que está pasando. En cierto modo, suponemos que alguien intervendrá.

En segundo lugar, la influencia social: mientras se desarrolla una situación, miramos lo que hacen otras personas (véase «conformidad» y el experimento de Solomon Asch en la p. 131). Si otros no están tomando ninguna medida, entonces pensamos que nosotros tampoco tenemos que hacerlo.

En tercer lugar, está lo que se denomina la ignorancia pluralista: «No lo sabía, no me di cuenta de que estaban molestos». Algunas personas, en ocasiones, realmente no se percatan de cómo está afectando el acoso a la víctima y, por lo tanto, no hacen nada.

El efecto espectador significa que cualquiera de nosotros puede confabularse con conductas crueles, desde ver a alguien matar una mosca hasta maltratos a gran escala o incluso un asesinato.

En pocas palabras
Fenómeno psicológico: es menos probable que intervengamos en una situación cuando hay más personas en ese lugar.

Por qué es importante
Al ser conscientes del fenómeno espectador, podemos aumentar la probabilidad de ayudar a otras personas en situaciones críticas.

Personajes clave
John Darley,
1938–2018
Harold B. Gerard,
1923–2003
Bibb Latané, n. 1937

Conceptos relacionados
terapia familiar, p. 106
rasgos de personalidad, p. 112
prejuicio, p. 138

inteligencia emocional

Primero fue el cociente intelectual para las personas inteligentes, luego el cociente emocional para las personas con sentimientos. Algunos expertos creen que, para tener verdadero éxito en la vida, la necesidad de un alto cociente emocional supera con creces a la de uno intelectual. La inteligencia emocional es nuestra capacidad de interpretar, percibir, controlar, evaluar y utilizar las emociones de forma constructiva y eficaz.

El psicólogo e investigador estadounidense Dan Goleman es el padre de la inteligencia emocional, pero el concepto, denominado fuerza emocional por Abraham Maslow, surgió en la década de 1960. La inteligencia emocional significa reconocer e interpretar el lenguaje corporal, las señales faciales, el tono de voz y el lenguaje, y comprender la compleja interacción de multitud de sentimientos, motivaciones y conductas.

La inteligencia emocional también implica afrontar las propias emociones de forma adaptativa, de modo que pueda gestionarse el estrés, controlar los impulsos y mantener la resiliencia ante los desafíos. La gestión eficaz de las emociones permite afrontar situaciones difíciles de forma equilibrada. Las personas que tienen mucha inteligencia emocional pueden discernir las razones que hay detrás de las emociones y también empatizar con las perspectivas de los demás.

En Internet abundan los cuestionarios informales que prometen evaluar la inteligencia emocional, pero dos pruebas muy conocidas y validadas son el test de inteligencia emocional Mayer-Salovey-Caruso y el ESCI (inventario de competencia emocional y social). Las puntuaciones de estas pruebas son útiles porque predicen el éxito en diversos ámbitos como liderazgo, trabajo en equipo y salud mental.

En pocas palabras
Capacidad de sintonizarnos con las emociones de los demás y de nosotros mismos y, posteriormente, reaccionar de forma adecuada y sensible.

Por qué es importante
Ser capaz de lidiar con la compleja red de emociones en nosotros mismos y nuestros allegados es útil para moverse en el mundo de las relaciones.

Personajes clave
Reuven Bar-On, n. 1944
Daniel Goleman, n. 1946
Peter Salovey, n. 1958

Conceptos relacionados
inteligencia, p. 44
revaluación cognitiva, p. 65
emociones, p. 67

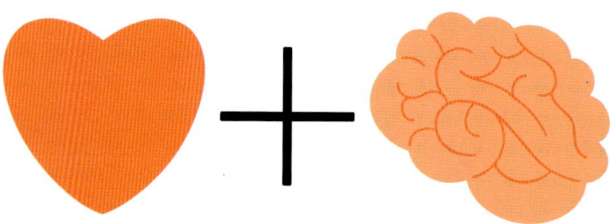

teoría de la mente

Jimmy, de tres años, está destrozado porque se le ha caído la rueda a su camión de juguete. Parece triste. Luke, su amigo de la guardería, le ofrece su osito de peluche para animarlo. Luke tiene teoría de la mente, la capacidad de pensar en el estado mental de los demás y de reconocer que las perspectivas de otras personas pueden diferir de las propias. La teoría de la mente es solo un aspecto de la inteligencia emocional.

La teoría de la mente comienza a desarrollarse entre los tres y los cinco años y crece a medida que los niños se familiarizan más con el mundo. A través de historias, juegos de rol e interacciones sociales, aprenden cómo influyen el pensamiento y el sentimiento en las interacciones sociales. Entre los seis y los ocho años, la teoría de la mente no está completamente formada. La mayoría de la gente lo logra en la edad adulta.

Algunas personas no lo consiguen. El investigador Simon Baron-Cohen y sus colegas han relacionado la teoría de la mente con el autismo, sugiriendo que, en general, las personas que tienen trastorno del espectro autista no tienen teoría de la mente. En su estudio que comparó a personas con autismo con otras en una tarea de teoría de la mente, solo el 20% de ellas demostraron ser capaces de ver las cosas desde la perspectiva de otra persona.

Existen varios tests de falsas creencias para evaluar la teoría de la mente. El test de Sally y Anne es una prueba infantil muy conocida con muñecas. Los niños con teoría de la mente son capaces de comprender que, cuando se esconde una canica mientras Sally está fuera de la habitación, no la buscará en el lugar correcto cuando regrese.

En pocas palabras
No todo el mundo tiene teoría de la mente. Los que la tienen, son capaces de ver cosas claramente desde otro punto de vista.

Por qué es importante
Tener teoría de la mente tiene implicaciones prácticas para la educación, la competencia social y las relaciones interpersonales a lo largo de la vida.

Personajes clave
Simon Baron-Cohen, n. 1958
Joseph Call
Uta Frith, n. 1941

Conceptos relacionados
neurodiversidad, p. 14
TEA, p. 92
altruismo, p. 134

prejuicio

Sexismo, clasismo, homofobia, edadismo: la lista de formas en que los humanos discriminan y son discriminados es, lamentablemente, interminable. La discriminación se perpetúa por prejuicio, un fenómeno social que implica actitudes negativas y estereotipos sostenidos respecto a otras personas, basados en su pertenencia a un grupo particular.

Los psicólogos sociales intentan descubrir qué hace que la gente crea en estos estereotipos. Por ejemplo, las teorías cognitivas del prejuicio hablan de sesgos y esquemas cognitivos como base del prejuicio. Los esquemas cognitivos son atajos mentales que organizan la información de nuestros mundos sociales en nuestros cerebros. Clasificamos los grupos de ciertas maneras, influidos por los medios de comunicación, las personas que nos rodean y una mentalidad de dentro/fuera del grupo.

En la década de 1970, los psicólogos Henri Tajfel y John Turner crearon la teoría de la identidad social, según la cual formar parte de un grupo social puede dar una sensación de pertenencia, autoestima, propósito e identidad. Pertenecer a un grupo social conduce a la autocategorización dentro del grupo, y esta, al favoritismo respecto al propio grupo y a la hostilidad hacia lo que está fuera de él.

Las teorías afectivas del prejuicio destacan el papel del miedo, la ansiedad o el resentimiento en la configuración de actitudes hacia los grupos externos. Además, factores sociales como los patrones históricos y las injusticias conducen a disparidades de oportunidades entre grupos de personas. Para superar los prejuicios, podemos beneficiarnos de la educación y el contacto con aquellos que son diferentes a nosotros a nivel individual y social.

En pocas palabras
Conjunto de actitudes que respaldan, causan o justifican la discriminación. El prejuicio es una tendencia a clasificar demasiado.

Por qué es importante
Para contrarrestar los prejuicios y promover la igualdad, debemos comprender las condiciones que dan origen al prejuicio y la psicología detrás de él.

Personajes clave
Gordon Allport, 1897–1967
Jane Elliott, n. 1933
Henri Tajfel, 1919–1982

Conceptos relacionados

teoría del contacto

La otra cara de la moneda del prejuicio es la teoría del contacto. Igual que sucede con el prejuicio, es un concepto destacado dentro de la psicología social. Suena simple: el contacto interpersonal entre diferentes grupos sociales puede reducir los prejuicios y mejorar las relaciones intergrupales bajo ciertas condiciones. La teoría fue desarrollada por el psicólogo estadounidense Gordon Allport en la década de 1950, pero todavía se aplica en la actualidad.

Las interacciones positivas entre diferentes grupos de personas pueden fomentar la empatía, disipar estereotipos y promover una mejor comprensión mutua. Si trabajamos con diferentes personas de «otros» grupos, las llegamos a conocer y reduciremos nuestra ignorancia respecto a ellas, con lo que tenderemos puentes.

Sin embargo, deben existir condiciones clave para que el contacto efectivo funcione: igualdad de estatus, apoyo de instituciones y oportunidades de interacciones significativas. De lo contrario, los prejuicios volverán a aumentar. En cambio, cuando el contacto es seguro, puede conducir a una reducción de la ansiedad, un incremento de la empatía y actitudes más positivas respecto a los miembros ajenos al grupo.

La teoría y la práctica del contacto se ha utilizado de forma efectiva en todo de tipo de programas de conflictos interétnicos o relaciones raciales en escuelas y universidades. Incluso podría funcionar con rivales futbolísticos, o quizás no.

En pocas palabras
La hipótesis del contacto sugiere que el contacto entre grupos en las condiciones adecuadas puede reducir efectivamente el prejuicio entre miembros del grupo mayoritario y del minoritario.

Por qué es importante
Si tenemos contacto con distintas «categorías» de personas y aprendemos de ellas, modificaremos nuestras creencias y mostraremos menos prejuicios.

Personajes clave
Gordon Allport, 1897–1967
Elliot Aronson, n. 1932
John Dovidio

Conceptos relacionados

Encantada de conocerte.

empatía

«Entiendo tu frustración», «te acompaño en el sentimiento», «debe de ser un mazazo». Todas estas declaraciones hacen que la otra persona se sienta comprendida. La empatía es la capacidad de comprender y compartir los sentimientos y experiencias de los demás. Implica no solo reconocer las emociones de otra persona, sino también experimentar un sentido de conexión y preocupación por su bienestar.

La empatía es una parte fundamental de la interacción humana, y nos ayuda a mantener vínculos con otras personas, cooperar con ellas, hacer amistades y trabajar conjuntamente para crear una sociedad funcional y compasiva. Sin empatía no seríamos humanos.

Hay dos tipos de empatía. La cognitiva es cuando sabemos, por lógica, cómo se siente o piensa otra persona. Consiste en saber en sentido práctico y fáctico que otras personas tienen pensamientos, sentimientos y percepciones diferentes a los nuestros. La empatía afectiva es un poco más profunda y se produce cuando sentimos la alegría o la tristeza de otra persona (o cualquier otra emoción) como propia. Si alguien le habla de la muerte de su hermano, por ejemplo, y a usted le entran ganas de llorar, estará compartiendo las emociones de esa persona, es decir, las estará sintiendo por ella.

La empatía es un ingrediente imprescindible de un buen plan de terapia y consultoría psicológica. Carl Rogers, el padre de la consultoría humanista, consideró que era una de las condiciones centrales de cualquier relación de asesoramiento. Sin embargo, también es una parte clave de todas las conductas prosociales (las que benefician a otras personas).

En pocas palabras
Nuestra capacidad para comprender y sentir la perspectiva de otra persona. Puede provocar que actuemos de forma altruista.

Por qué es importante
Al cultivar la empatía en nosotros mismos y en nuestros hijos, podemos reducir la intolerancia y fortalecer el mundo a través de la amabilidad y la compasión, porque lo comprendemos.

Personajes clave
Daniel Batson, n. 1943
Martin Hoffman, 1924–2022
Carl Rogers, 1902–1987

Conceptos relacionados
consultor psicológico, p. 8
psicología positiva, p. 29
psicoterapia, p. 102

neuronas espejo

Las neuronas espejo son células cerebrales que se activan cuando realizamos una acción específica. Y, por increíble que parezca, también cuando vemos a otra persona realizando esa acción. Fueron descubiertas a principios de la década de 1990 por el neurocientífico italiano Giacomo Rizzolatti y sus colegas, cuyo trabajo llevó a que las neuronas espejo fueran apodadas «el concepto más publicitado de la neurociencia».

Los experimentos de imágenes cerebrales muestran que el córtex frontal inferior (la parte frontal inferior del cerebro) y el lóbulo parietal superior (parte superior posterior) se activan cuando una persona realiza una acción y ve a otra persona haciéndola. Estas regiones del cerebro contienen lo que se ha definido como el sistema de neuronas espejo humanas o neuronas «lo que el mono ve, el mono hace». El sistema se desarrolla en humanos antes de los doce meses. Sonría a un recién nacido y él le devolverá la sonrisa. Saque la lengua y él también lo hará. Haga una pedorreta y ya verá. Todos son ejemplos de neuronas espejo activadas.

Las neuronas espejo están relacionadas con la empatía, porque para que podamos sentir lo que alguien está pasando, o comprenderlo de manera cognitiva, nuestras neuronas espejo deben estar activadas. Si su sistema de neuronas espejo no funciona bien, es posible que tenga problemas de empatía (lo que puede encajar con un diagnóstico de trastorno del espectro autista). Por el contrario, mejorar la activación de neuronas espejo a través de la terapia de observación de acción (una forma elegante de decir copiar) puede permitirle mejorar las habilidades sociales y comprenderse desde el punto de vista emocional.

En pocas palabras
Neuronas que se activan cuando llevamos a cabo una acción, pero, también, cuando vemos a alguien hacer algo.

Por qué es importante
Las neuronas espejo son neurológicamente fascinantes, pero su acción también tiene implicaciones en nuestra vida cotidiana, en términos de nuestra capacidad de empatía y aprendizaje.

Personajes clave
Marco Iacobini, n. 1960
Christian Keysers, n. 1973
Giacomo Rizzolatti, n. 1937

Conceptos relacionados
neuroplasticidad, p. 27
cerebro izquierdo/cerebro derecho, p. 148
escáner cerebral, p. 150

¡Buaaa!

identidad social

¿Cómo se define a sí mismo? ¿Constructor, padre, de clase alta? La identidad social tiene que ver con los grupos o las comunidades a los que sentimos que pertenecemos. Tomemos como ejemplo a Ruth, una abuela de ochenta años. En la sociedad, al ser una mujer mayor, a menudo será ignorada y tratada con condescendencia, y se harán suposiciones, basadas en prejuicios o sesgos inconscientes, sobre sus capacidades físicas y sus opiniones. Puede percibir que la excluyen y la apartan. Sin embargo, cuando se encuentra con su tribu (su grupo de caminata u otras abuelas), se siente empoderada y forma parte de un equipo. Esta es la teoría de la identidad social en acción.

Esta teoría, postulada por Henri Tajfel y sus colegas en 1979, describe las circunstancias bajo las cuales la identidad social es más importante que la identidad personal y describe las formas en que puede influir en la conducta. Mientras que la identidad propia trata de lo que hace a Ruth diferente en términos de personalidad o intereses, la identidad social se centra en lo que la hace similar a los demás: ser un persona mayor, ser abuela o estar cerca del final de su vida.

Formar parte de un grupo social aporta seguridad y sentido de pertenencia, además de mitigar la incertidumbre, especialmente en tiempos difíciles. Cuando el marido de Ruth murió, ella obtuvo el apoyo de otras personas mayores en la misma situación. Su tribu también había estado allí. Cuando las personas se identifican con un grupo, ganan autoestima por su éxito, incluso si no han tenido nada que ver directamente con sus logros. Si apoya a su equipo de fútbol, su autoestima aumenta cuando gana, aunque la victoria no tenga absolutamente nada que ver con usted.

En pocas palabras
Cómo nos clasificamos en relación con la pertenencia a diferentes grupos sociales.

Por qué es importante
Nuestras identidades sociales influyen en nuestras conductas prosociales y pueden proporcionarnos un sentido de pertenencia y un aumento de la autoestima.

Personajes clave
Dominic Abrams, n. 1958
Henri Tajfel, 1919–1982
John Turner, 1947–2011

Conceptos relacionados
revaluación cognitiva, p. 65
rasgos de personalidad, p. 112
tipos de personalidad, p. 114

pájaros del mismo plumaje

«Dios los cría y ellos se juntan», dice la expresión. En psicología, el concepto se refiere al fenómeno por el que alguien es más probable que haga amistades o cree alianzas con personas con las que comparte características, creencias, valores e intereses similares. La gente se siente atraída de forma natural por aquellos que se le parecen en algún sentido. Esto está estrechamente relacionado con la homofilia y la teoría de la identidad social: la preferencia por la similitud en las relaciones sociales.

En 2017, Michal Kosinki y sus colegas tenían pruebas de que los pájaros del mismo plumaje siempre vuelan juntos. En su investigación con más de cien universidades, analizaron la huella digital dejada en Facebook por parte de los estudiantes participantes y llegaron a la conclusión de que las personas interactúan con otras que son parecidas a ellas en Internet.

Básicamente, todos desarrollamos un sentido de pertenencia al formar parte de un grupo. Reunirse con gente puede tener varias consecuencias. Lleva a la formación de camarillas, cámaras de eco y sesgos endogrupales, todo lo cual puede reforzar actitudes y creencias existentes que ya excluyen o marginan a otros. La polarización *online* y en la vida real en torno a la política de identidad de género, la política gubernamental o incluso las creencias en torno al terrorismo frente a la lucha por la libertad es, en parte, un síntoma del fenómeno de los pájaros que vuelan juntos, algo que no ayuda. Sin embargo, permanecer unido a la tribu puede fomentar un sentido de apoyo y pertenencia.

En pocas palabras

Tendemos a gravitar hacia personas que son como nosotros. Mantenernos unidos puede proporcionar comodidad y seguridad, pero también puede conducir a la exclusividad.

Por qué es importante

Este concepto proporciona información sobre la dinámica de las redes sociales, la formación de grupos y las relaciones intergrupales.

Personajes clave

Mark Granovetter, n. 1943
Robert Kahn, 1918–2019
Robert Putnam, n. 1941

Conceptos relacionados

córtex

El córtex cerebral es el director general del cerebro. Se considera que supervisa las operaciones y la toma de decisiones en la empresa. La capa externa de la superficie del cerebro se encarga de coordinar funciones como la percepción sensorial, el control motor y la regulación emocional. Por ello, es un punto focal de la neuropsicología y la neurociencia.

La investigación del cerebro depende de nuevas tecnologías y está en constante evolución. De momento, los neuropsicólogos están intentando averiguar si el córtex consigue gestionar todos los departamentos y subdepartamentos del cerebro y cómo lo hace. Los científicos creen que diferentes áreas del cerebro son responsables de procesar tipos concretos de información y que el córtex lo coordina todo: la información sensorial, el lenguaje o la conciencia espacial. También hay evidencias de que el córtex está relacionado con la función ejecutiva, es decir, la planificación con antelación y el cumplimiento de objetivos. Pero no se sabe lo fuerte que es esta conexión y qué parte del cerebro, si la hay, está a cargo en última instancia. La plasticidad cortical, o neuroplasticidad (la capacidad del cerebro para reorganizarse y reactivarse en respuesta a una experiencia) es otro aspecto clave del funcionamiento cerebral en el que los neurocientíficos están trabajando ahora mismo.

Las disfunciones en las regiones corticales se han asociado con la esquizofrenia, la enfermedad de Alzheimer, la depresión y el trastorno del espectro autista. Pero hay mucho más por descubrir sobre su funcionamiento exacto. Con suerte, a largo plazo, comprender los aspectos neuronales de estos trastornos puede ayudar a tratarlos e intervenirlos para mejorar su funcionamiento.

En pocas palabras

La capa externa del cerebro que controla el funcionamiento cognitivo de nivel superior.

Por qué es importante

Saber cómo intervenir cuando se producen déficits cerebrales puede salvar y mejorar vidas.

Personajes clave

Korbinian Brodman, 1868–1918
Paul Flechsig, 1847–1929
Wilder Penfield, 1891–1976

Conceptos relacionados

Función ejecutiva

sistema límbico

El córtex consta de estructuras en la superficie exterior, mientras que el sistema límbico es una compleja red de estructuras de la parte profunda del cerebro. El sistema límbico desempeña un papel fundamental en la regulación de las emociones, la memoria, la motivación y las conductas sociales.

La primera evidencia de que existía un sistema responsable de las emociones fue descubierta hacia 1939 por Heinrich Klüver y Paul Bucy. Estos dos científicos averiguaron que, cuando a los monos les extirpaban los lóbulos temporales (áreas del cerebro justo detrás de las orejas), adoptaban conductas extremas y extrañas.

Dentro del sistema límbico existen otras subdivisiones con diferentes funciones: la amígdala, el hipocampo, el tálamo, etc. La amígdala es el corazón del sistema emocional del cerebro, un actor clave en la formación de recuerdos emocionales y la regulación de las respuestas emocionales. Junto a él está el hipocampo, crucial para la formación de recuerdos y la navegación espacial. Si tiene hambre, el hipotálamo estará haciendo su trabajo. Si está excitado, el tálamo está cumpliendo con su deber.

Los científicos todavía tienen muy poca idea de cómo funciona realmente el cerebro. Después de todo, el número de sinapsis (conexiones) en un cerebro humano es igual al número de estrellas de 5000 vías lácteas, y cada sinapsis consta de alrededor de 100 000 «interruptores» moleculares. Hay un largo camino por recorrer.

En pocas palabras
El nexo central, en la profundidad del cerebro. Su trabajo es integrar procesos emocionales, cognitivos y fisiológicos.

Por qué es importante
La disfunción dentro del sistema límbico puede provocar trastornos neurológicos y psicológicos, por lo que comprender su propósito y función es útil para la salud física y mental.

Personajes clave
Heinrich Klüver, 1897–1979
Paul MacLean, 1913–2007
James Papez, 1883–1958

Conceptos relacionados
estados de ánimo/emociones, pp. 66–67
naturaleza/crianza, pp. 116–117

Impulsos primitivos

consciente

Es consciente de estar leyendo esta frase, pero quizás en algún momento nota un picor en el pie, o piensa en lo que va a cenar o en un fragmento de una conversación con un amigo. Esta es la conciencia: en movimiento y cambio constante. La conciencia es la percepción de nuestros propios pensamientos, recuerdos, sentimientos, sensaciones y entornos únicos. En definitiva, describe todo nuestro conocimiento de nosotros mismos y del mundo que nos rodea. Si puede describirlo con palabras es que forma parte de su conciencia. Por definición, es totalmente subjetiva.

La conciencia tiene varios propósitos biológicos y sociales. Permite a los seres vivos elegir acciones, adaptarse a nueva información y tomar decisiones. Los estados de conciencia «superiores» a menudo se asocian con la meditación, la conciencia plena o las experiencias espirituales, e implican un estado en el que somos capaces de obtener una mayor percepción de nosotros mismos y de nuestros roles en el mundo. Los estados alterados de la conciencia se producen cuando soñamos, alucinamos, tomamos drogas psicoactivas o estamos sujetos a hipnosis. Los neurocientíficos intentan asignar a las áreas del cerebro distintas experiencias conscientes.

En pocas palabras
Conciencia subjetiva de pensamientos, sensaciones, emociones y percepciones sobre nosotros mismos.

Por qué es importante
Es todo lo que pueda imaginar. Casi toda nuestra experiencia vital está moldeada por la mente consciente.

Personajes clave
Sigmund Freud, 1856–1939
William James, 1842–1910
Julian Jaynes, 1920–1997

Conceptos relacionados
sueño, p. 12
alucinaciones, p. 63
viajes psicodélicos, p. 97

CONSCIENTE

inconsciente

Al igual que el consciente, el inconsciente es una corriente de actividad mental, pero, en este caso, fluye bajo la superficie del pensamiento consciente, dando forma a actitudes y decisiones sin que nos demos cuenta. Sigmund Freud, el padre del psicoanálisis, sugirió un modelo mental (llamado coloquialmente «modelo del iceberg») que constaba de tres niveles: consciente, preconsciente e inconsciente (por analogía con el iceberg, el vasto reino profundo de debajo de la superficie del océano).

El inconsciente, según Freud, alberga recuerdos reprimidos u olvidados, instintos primitivos y conflictos no resueltos. En el pensamiento de Freud, estos procesos inconscientes influyen en las percepciones, la toma de decisiones y todo tipo de reacciones de las que aparentemente no somos conscientes. ¿Alguna vez ha tenido un lapsus? ¿Ha llamado «mamá» a su profesora? ¿O tal vez se ha sonrojado como reacción a algo completamente inesperado? Todos estos son ejemplos, según esta teoría, de la aparición de la mente inconsciente en la conciencia. Algunos psicólogos sostienen que solo a través de estas manifestaciones conscientes, como los sueños o los lapsus al hablar, el inconsciente reprimido llega a nuestra conciencia.

Aunque no sea lo mismo que la idea teórica freudiana del «inconsciente», vale la pena señalar que hay otros aspectos del funcionamiento humano que también son completamente inconscientes, es decir, que se producen automáticamente. Todo el sistema operativo de nuestro cuerpo (respirar, ir al baño, los latidos de nuestro corazón) continúa sin nuestra participación activa. Estas son funciones del sistema nervioso autónomo o automático.

En pocas palabras
Todas las actividades que se producen en nuestro cerebro, mente y cuerpo sin que seamos conscientes de ellas.

Por qué es importante
Aprender sobre el inconsciente arroja luz sobre por qué nos comportamos, pensamos y sentimos como lo hacemos. Comprender nos permite desbloquear nuevas relaciones, conexiones e ideas.

Personajes clave
Sigmund Freud, 1856–1939
Carl Jung, 1875–1961
Jacques Lacan, 1901–1981

Conceptos relacionados
el ello, p. 10
pensamiento lento/ pensamiento rápido, pp. 38–39
mente errante, p. 51
psicoterapia, p. 102

INCONSCIENTE

cerebro izquierdo/ cerebro derecho

¿Ciencias o letras? ¿Intuición o lógica? ¿Es más de cerebro izquierdo o derecho? Según la teoría de dominancia cerebral, cada hemisferio tiene funciones diferentes. Mientras que el derecho controla las tareas expresivas y creativas, el izquierdo es mejor en matemáticas, lectura y lenguaje. Sin embargo, es una teoría obsoleta, y muchos no se han dado cuenta de que es todo un mito.

Hoy día, los estudiantes pueden aprender la teoría como un punto de interés histórico. Surgió a partir del trabajo del neuropsicólogo estadounidense Roger Sperry en 1981. Sperry estudió el funcionamiento cerebral en personas a las que se les cortaba quirúrgicamente el cuerpo calloso (la parte que une los dos hemisferios del cerebro) para tratar un tipo de epilepsia. De esta investigación surgieron todo tipo de afirmaciones sobre la dominancia de los hemisferios izquierdo o derecho.

A pesar de su simplificación excesiva, hay que pensar en los puntos fuertes y débiles de nuestro cerebro y en qué áreas podríamos querer mejorar. Por ejemplo, si tenemos dificultades para seguir instrucciones verbales (a menudo citadas como una característica del lado derecho del cerebro), podría sernos útil escribir instrucciones y desarrollar mejores habilidades organizativas.

Según la psicóloga clínica Rachel Goldman: «Todos podemos beneficiarnos de la mejora de nuestra salud cerebral, pero primero tenemos que identificar lo que puede estar funcionando para nosotros, o no, y qué áreas podemos querer ejercitar con el fin de fortalecerlas».

En pocas palabras
La teoría del dominio de los lados izquierdo o derecho del cerebro que sugiere que un hemisferio es el dominante en algunas personas forma parte de la cultura popular.

Por qué es importante
La organización del cerebro tiene más matices de lo que sugiere esta «teoría», pero sí nos incita a investigar las diferentes funcionalidades del cerebro.

Personajes clave
Joseph Bogen, 1926–2005
Michael Gazzaniga, n. 1939
Roger Wolcott Sperry, 1913–1994

Conceptos relacionados
dislexia, p. 61
rasgos de personalidad, p. 112
tipos de personalidad, p. 114

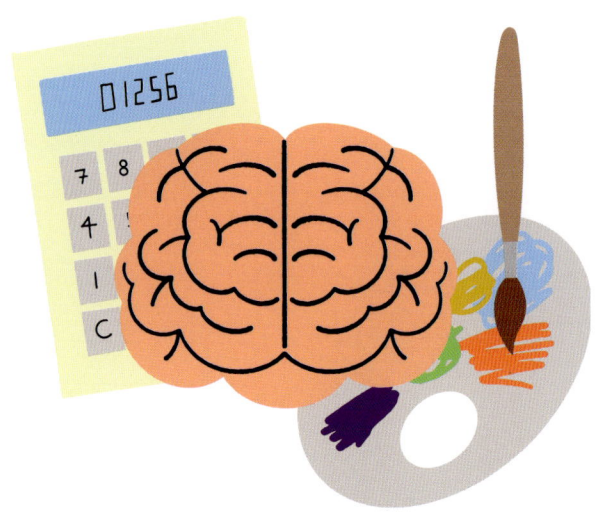

lateralización

A veces la lateralización se denomina «dominancia hemisférica». Cabe señalar que se utiliza incorrectamente la palabra «lateralización» como sinónimo del predominio del cerebro izquierdo o derecho, pero existen diferencias clave entre ambas ideas. La lateralización se refiere a la tendencia de ciertas funciones a especializarse en un lado u otro del cerebro. Aunque la macroestructura de los hemisferios cerebrales parezca idéntica por fuera, las redes neuronales de cada lado son diferentes. Esto significa que cada uno tiene capacidades distintas.

La lateralidad cerebral implica la ubicación de elementos funcionales a ambos lados del cerebro de los humanos y los animales. Suele ser de forma asimétrica. Los humanos tenemos cinco funciones lateralizadas: la mano dominante, la habilidad lingüística, las habilidades espaciales, el reconocimiento facial y el reconocimiento emocional. El quid de la cuestión es que la lateralización es exclusiva de cada individuo, ya que todos los cerebros se desarrollan de manera diferente, por lo que hay ejemplos contrarios para cada generalización.

Los mejores ejemplos de lateralización establecida son el área de Broca (llamada así por el médico que la descubrió en la década de 1860), que se ocupa de la producción del lenguaje, y el área de Wernicke (ídem), que se ocupa de la comprensión del lenguaje. Ambas suelen encontrarse exclusivamente en el hemisferio izquierdo del cerebro. Sin embargo, suele creerse que funciones como la entonación o la pronunciación se generan en las neuronas de ambos hemisferios. No se trata simplemente de que los lados izquierdo o derecho controlen una función, sino que es algo complejo y queda aún mucho por descubrir.

En pocas palabras
Teoría según la cual las funciones cerebrales se generan en distintas regiones de cada hemisferio del cerebro.

Por qué es importante
Esto ayuda a los investigadores a comprender qué partes del cerebro son más o menos responsables de según qué acciones y procesos de pensamiento. Tiene implicaciones para la salud cerebral y para personas con lesiones cerebrales.

Personajes clave
Joseph Bogen, 1926–2005
Norman Geschwind, 1926–1984
Brenda Milner, n. 1918

Conceptos relacionados
sinestesia/daltonismo, pp. 52–53
amnesia, p. 98
medicación psiquiátrica, p. 103

escáner cerebral

Un escáner cerebral es una prueba indolora que genera imágenes claras de las estructuras del interior de la cabeza.

La imagen por resonancia magnética es un tipo de escaneo que utiliza campos magnéticos y ondas de radio para producir imágenes detalladas de la estructura del cerebro en tiempo real. Desde la invención de la técnica alrededor de 1971, las teorías sobre el funcionamiento del cerebro se han expandido rápidamente, a medida que la resonancia magnética nos permite ver y analizar la actividad cerebral.

La imagen por resonancia magnética funcional es algo distinta y, en lugar de generar imágenes del interior del cuerpo, se centra en el cerebro y observa la actividad metabólica a lo largo del tiempo. Mide los cambios en el flujo sanguíneo y la oxigenación asociados con nuestra actividad neuronal. Esto ha permitido a los investigadores identificar regiones del cerebro implicadas en tareas o procesos mentales específicos.

Hay otros tipos de escáneres cerebrales. Por ejemplo, las exploraciones por tomografía computerizada toman una serie rápida de imágenes de rayos X, que se combinan para crear imágenes similares (al menos para el ojo inexperto) a las generadas por una resonancia magnética.

Actualmente se están llevando a cabos estudios sorprendentes, como cuando se hizo una resonancia magnética funcional a unos monjes mientras meditaban o a personas enamoradas para ver qué sucedía dentro del cerebro. El investigador Charles Limb introdujo a unos pianistas de *jazz* y unos raperos en una máquina de resonancia magnética y los hizo actuar. Las imágenes mostraron que los improvisadores más prolíficos lograban apagar las partes del cerebro que gestionan el autocontrol, lo que llevó a Limb a concluir lo que muchos improvisadores musicales saben: que pueden confiar en sí mismos para actuar por instinto.

En pocas palabras
Herramientas utilizadas para ayudarnos a visualizar y comprender la estructura, la conectividad y la función de las áreas del cerebro.

Por qué es importante
Los escáneres cerebrales son fundamentales para el avance del conocimiento de la función y la estructura del cerebro. Ofrecen el diagnóstico y la intervención para optimizar la salud cerebral y el funcionamiento cognitivo.

Personajes clave
Paul Broca, 1824–1880
Korbinian Brodmann, 1868–1918
Wilder Penfield, 1891–1976

Conceptos relacionados
córtex, p. 144
lateralización, p. 149

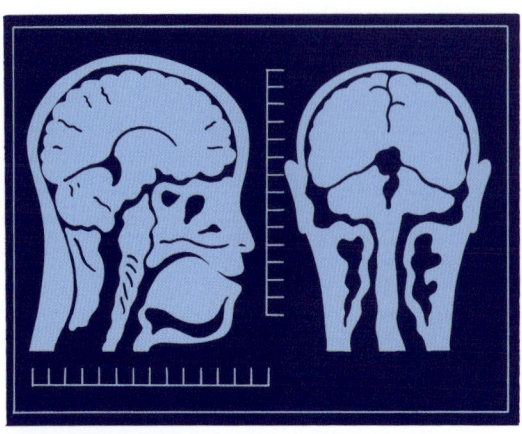

electroencefalograma

Esta técnica de neuroimagen no invasiva se utiliza para medir y registrar la actividad eléctrica generada por las neuronas del cerebro. Como la resonancia magnética y otras técnicas de escaneo cerebral, el electroencefalograma nos ayuda a examinar el funcionamiento del cerebro y puede usarse para diagnosticar trastornos neurológicos como la epilepsia, trastornos del sueño y tumores cerebrales. Sin embargo, el procedimiento es algo distinto.

Para hacer el electroencefalograma, se colocan unos electrodos en el cuero cabelludo. Una vez conectados, detectan y amplifican pequeñas señales eléctricas generadas por la activación neuronal, que se muestran como líneas onduladas en una pantalla o una impresión (electrograma).

El electroencefalograma proporciona una medida directa y en tiempo real de la actividad cerebral. En consecuencia, se utiliza para favorecer la biorretroalimentación. Por ejemplo, si está experimentando pánico, una lectura del resultado podría ayudar a establecer una conexión entre la intensidad de la experiencia y técnicas como respirar o cuestionar sus pensamientos. En ocasiones se utiliza para el trastorno por déficit de atención e hiperactividad, el tratamiento del dolor, las adicciones, la ansiedad y la depresión.

Los investigadores también utilizan el electroencefalograma para estudiar los ritmos cerebrales y la actividad oscilatoria asociados a diferentes tareas cognitivas o manipulaciones experimentales. El problema es que su resolución espacial es bastante pobre. Esto significa que, aunque puede detectar cuándo se genera actividad neuronal, a diferencia de la resonancia magnética, la tomografía computerizada u otros métodos de escaneo, no puede detectar en qué punto del cerebro se produce.

En pocas palabras
Prueba que mide la actividad eléctrica del cerebro mediante pequeños discos metálicos denominados electrodos conectados al cuero cabelludo.

Por qué es importante
El electroencefalograma puede ser útil para diagnosticar dificultades neurológicas o de salud mental.

Personajes clave
Frederick Andermann, 1930–2019
Hans Berger, 1873–1941
Joe Kamiya, 1925–2021

Conceptos relacionados

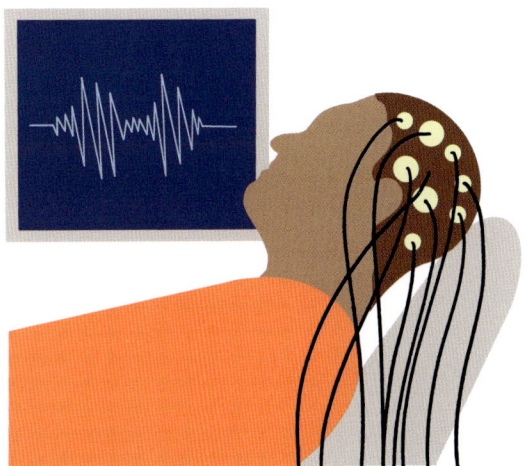

enfermedad de Alzheimer

El alzhéimer es una enfermedad cerebral progresiva e irreversible. Afecta principalmente a la memoria, la cognición y el comportamiento y, en última instancia, conduce a un deterioro grave de la vida cotidiana y a la pérdida de independencia. Es muy angustiante ver que afecta a nuestros seres queridos.

Esta enfermedad, que lleva el nombre del doctor Alois Alzheimer, que describió por primera vez la afección en 1906, es la causa más común de demencia y representa aproximadamente el 70% de todos los casos. Un síntoma temprano común es la dificultad para recordar información nueva. Esto puede ser sutil al principio y pasar como un olvido normal o una pérdida de memoria relacionada con la edad. Pero, a medida que avanza la enfermedad, las personas tienen dificultades para recordar acontecimientos recientes o encontrar las palabras, lo que convierte el deterioro del juicio en un síntoma. Los síntomas psicológicos incluyen agitación, agresividad y cambios anímicos. Se desconocen las causas exactas de la enfermedad, pero son ampliamente conocidos varios factores de riesgo: la edad, la genética y aspectos del estilo de vida como la salud cardiovascular, la dieta y la actividad física.

Por el momento no hay cura para el alzhéimer. Los tratamientos disponibles tienen como objetivo frenar la progresión de la enfermedad a través de la medicación que ataca los desequilibrios de los neurotransmisores. Los programas de estimulación cognitiva y los servicios de apoyo a los cuidadores también resultan beneficiosos para los enfermos. La investigación en esta área se centra en el desarrollo de terapias modificadoras de la enfermedad dirigidas a los mecanismos subyacentes de la misma.

En pocas palabras
Trastorno neurodegenerativo que afecta a la memoria, la cognición y la conducta. En última instancia, conduce a un deterioro grave y la pérdida de capacidad para gestionar las tareas de la vida cotidiana.

Por qué es importante
Los efectos mentales y físicos del alzhéimer son devastadores, por lo que la investigación sobre su desarrollo y posibles tratamientos es una prioridad.

Personajes clave
Alois Alzheimer, 1864–1915
John Hardy, n. 1954
Rudolph Tanzi, n. 1958

Conceptos relacionados
memoria/olvido, pp. 40–41
reserva cognitiva, p. 59
amnesia, p. 98

enfermedad de Parkinson

Al igual que el alzhéimer, el párkinson es un trastorno neurodegenerativo progresivo, pero se manifiesta de manera distinta. Se caracteriza por síntomas motores como temblores, lentitud de movimientos (bradicinesia), rigidez e inestabilidad postural. La edad media de aparición es de sesenta años. Los primeros síntomas de la enfermedad son muy sutiles: temblores, debilitamiento de la voz o dificultad para levantarse de una silla.

La enfermedad de Parkinson, que lleva el nombre del doctor James Parkinson, que describió por primera vez la afección en 1817, afecta a las neuronas que generan dopamina en un área del cerebro llamada región de la sustancia negra. La dopamina es un neurotransmisor, un mensajero químico. Si no hay suficiente cantidad en el cuerpo, el resultado es una disfunción motora. Además de los síntomas motores, el párkinson puede causar problemas como el deterioro de la cognición, alteraciones del estado de ánimo, dificultades para dormir y otros fallos del sistema sensorial y autónomo.

La razón biológica de las diferencias entre ambas enfermedades es que el alzhéimer se caracteriza por la acumulación en el cerebro de placas de beta-amiloide (grumos de una proteína natural) que alteran la función celular. Por su parte, el párkinson se caracteriza por la pérdida de neuronas productoras de dopamina y la formación de cuerpos de Lewy (también grupos de partículas proteicas, pero que contienen una proteína llamada alfa-sinucleína).

En Occidente, uno de los enfermos de párkinson más conocidos es el actor Michael J. Fox, que fue diagnosticado a los veintinueve años y, desde entonces, lucha incansablemente para que se investigue esta enfermedad.

En pocas palabras

Enfermedad del cerebro que provoca movimientos involuntarios y dificultades de coordinación y equilibrio. Los síntomas empeoran con el tiempo.

Por qué es importante

Los enfermos de párkinson pueden llevar una vida plena, pero es importante saber cómo se presenta la enfermedad y qué podemos hacer para aliviar los síntomas.

Personajes clave

Oleh Hornykiewicz, 1926–2020
William Langston
James Parkinson, 1755–1824

Conceptos relacionados

mente

Toda la psicología está relacionada con la mente. Al fin y al cabo, la palabra proviene de las palabras griegas *psych*, que significa mente, alma o espíritu, y *logo*, que significa discurso o estudio. La mente es la que piensa, recuerda, percibe o siente. Puede experimentar estados conscientes o inconscientes. Está conectada con sensaciones de placer, dolor y todo lo demás. La mente humana es el objeto central de estudio en psicología, desde la cognición hasta la memoria y la enfermedad mental.

Otras disciplinas, como la filosofía, la religión y la neurociencia, también se interesan por la mente.

La filosofía, por ejemplo, se plantea si otros organismos vivos tienen mente. ¿Pueden pensar, sentir y aprender? En caso afirmativo, ¿cómo? Hay quien ve la mente como una entidad exclusivamente humana, pero otros apoyan el pampsiquismo o el animismo, que atribuyen propiedades de la mente a otras entidades no humanas e incluso no animales.

Las teorías psicológicas de la mente dominantes e influyentes provienen de figuras como Sigmund Freud y Carl Jung (véanse pp. 30 y 31), pero más sorprendentes son las contribuciones que científicos informáticos como Alan Turing han hecho para la comprensión de la mente. A medida que avanza la tecnología, las teorías de la mente no dejan de evolucionar. Y, ahora, que entramos de lleno en la era de la inteligencia artificial, existe la posibilidad de que una maquinaria no biológica duplique el trabajo de la mente humana: es un mundo feliz.

En pocas palabras
Elemento fundamental del ser humano: pensamiento, emoción, percepción, conciencia y procesamiento de la información.

Por qué es importante
El estudio de la mente es la esencia de la psicología. Otras disciplinas (la filosofía y la religión) también prestan atención a sus propósitos y funciones.

Personajes clave
René Descartes, 1596–1650
William James, 1842–1910
Karl Popper, 1902–1994

Conceptos relacionados

cerebro

Mientras que el término «mente» se refiere a la capacidad de pensar, sentir y participar en actividades humanas complejas, el cerebro es el órgano físico real del cráneo que hace que todo suceda. El cerebro activa conductas, pensamientos y, en definitiva, todos los procesos mentales y físicos. La mente es la experiencia de estos procesos, pero nada de eso sucedería sin el motor cerebral que zumba de fondo.

La neuropsicología se centra en la estructura, el desarrollo y la función del cerebro, incluida la médula espinal. El cerebro y la médula espinal están repletos de neuronas. Son las células nerviosas que envían mensajes por todo nuestro cuerpo, permitiéndonos hacer de todo, desde respirar hasta dormir, llorar y completar un crucigrama. Como sugiere el nombre, las neuronas sensoriales transportan información que experimentamos a través del tacto, el olfato, la vista, el oído y el gusto. Otras neuronas, como las motoras, transmiten información del cerebro a los músculos y las glándulas del cuerpo.

Hasta hace poco, la mayoría de los neurocientíficos pensaban que nacíamos con todas las neuronas que íbamos a tener a lo largo de la vida. Últimamente, sin embargo, han descubierto que, a través del proceso de neuroplasticidad, mediante el cual nuestras células nerviosas crecen y se reorganizan, se desarrollan nuevas neuronas en todas las edades y etapas de la vida. Las neuronas responden de manera sensible y simultánea a la información externa y se unen de muchas maneras.

Un trabajo ingente para una parte del cuerpo relativamente pequeña.

En pocas palabras
Órgano complejo que controla la memoria, la emoción, los sentidos, la respiración y cualquier otro proceso que regula el cuerpo.

Por qué es importante
El estudio del cerebro puede arrojar luz sobre la interacción entre biología y psicología, ayudándonos a comprender la superposición entre el cerebro, la mente y el comportamiento.

Personajes clave
Paul Broca, 1824–1880
Roger Sperry, 1913–1994
Carl Wernicke, 1848–1905

Conceptos relacionados
neuroplasticidad, p. 27
lateralización, p. 149
escáner cerebral, p. 150

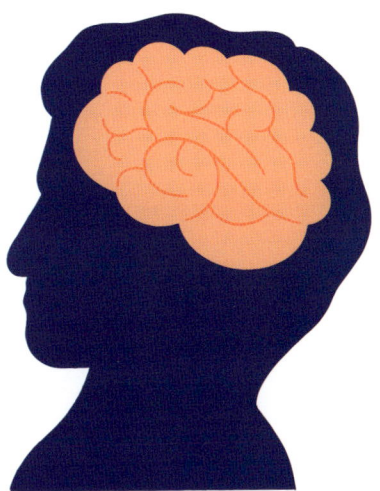

figuras clave

Esta selectiva lista destaca las figuras clave de la actualidad en el campo de la psicología. Son los «forjadores de pensamiento» que reformulan esta disciplina milenaria.

Tara Brach (n. 1953) es una psicóloga, escritora y profesora de meditación estadounidense cuya obra fusiona la enseñanza budista, en concreto las prácticas de la meditación y la atención plena, con la psicología occidental. Sus libros y sus pódcast gozan de una gran popularidad.

James Clear (n. 1986) tiene experiencia en *coaching* de rendimiento mental y oratoria. En su éxito de ventas *Hábitos atómicos* (2018), que gira en torno a la psicología conductual, entre otros campos de conocimiento, sostiene que es posible llevar una vida plena con la adopción de buenos hábitos, según él, mejorando un 1 % cada día.

Carole Dweck (n. 1946) popularizó el concepto de la mentalidad de crecimiento en su libro *Mindset. La actitud del éxito* (2006). Continúa investigando y publicando en esta área y en el campo más amplio de la «motivación», que considera un puente entre la psicología del desarrollo, la psicología social y la psicología de la personalidad.

Peter Fonagy (n. 1952) es un fenómeno de la psicología moderna, con especial interés en las relaciones tempranas de apego, la cognición social y el trastorno límite de la personalidad. Es el innovador de la terapia basada en la mentalización, un planteamiento terapéutico basado en la investigación que tiene como objetivo mejorar la capacidad del individuo para «mentalizar» o concebir sus estados emocionales.

Uta Frith (n. 1941) es una pionera de la investigación del autismo y la dislexia, cuyo trabajo se ha centrado en las bases neurológicas de estos trastornos. Como distinguida psicóloga y neurocientífica, aboga por el avance de las mujeres en la ciencia.

Jonathan Haidt (n. 1963) trabaja en los campos de la psicología moral y social, en especial el estudio del razonamiento moral y las «emociones morales». Se ha convertido en una voz destacada que promueve el civismo político y la diversidad intelectual, con el objetivo de reducir lo que considera una mayor polarización política.

Claudia Hammond (n. 1971) es una presentadora y periodista británica. Su interés radica en dar a conocer las innovaciones en los campos de la psicología, la salud mental y la neurociencia al gran público. Presenta el programa de radio de la BBC *All in the Mind*, entre otros.

Janet Helms es una psicóloga estadounidense que se dedica a la investigación. Es conocida por su trabajo sobre la identidad racial y el fenómeno de los sesgos raciales en las pruebas y mediciones de la capacidad cognitiva. Su libro *A Race is a Nice Thing to Have* (1992), que analiza la identidad racial blanca, es una de las más de 100 publicaciones que llevan su firma.

Lucy Johnstone es una voz crítica con la práctica de la psicología clínica, de la cual es una veterana. Alerta sobre la necesidad de planteamientos compasivos y orientados al paciente que no pregunten «¿qué problema tiene?», sino «¿qué le ha pasado?» (una definición sencilla de la práctica informada sobre el trauma).

Marsha Linehan (n. 1943) desarrolló la terapia dialéctica conductual, un tratamiento psicoterapéutico para el trastorno límite de la personalidad, en parte como resultado de su propia experiencia con la enfermedad mental. Es considerada una innovadora en la práctica de la salud mental y también es profesora de meditación zen.

Elizabeth Loftus (n. 1944) es conocida principalmente por su trabajo sobre los falsos recuerdos y la desinformación, y ha ejercido de perito en varios juicios. Voz crítica de la terapia de memoria recuperada, defiende que la memoria humana es extremadamente falible y propensa a la deformación.

Eleanor Longden describe el proceso de hacer las paces con las voces que escucha como poner fin a la «guerra civil interna». Académica de psicología, es conocida sobre todo por una charla TED de 2012 en la que analiza su diagnóstico de esquizofrenia y el impacto positivo en su vida de la Hearing Voices Network del Reino Unido.

David Nutt (n. 1951) es un neuropsicofarmacólogo y destacado comentarista sobre fármacos y consumo de drogas británico. Su organización sin ánimo de lucro, Drug Science, proporciona información independiente basada en datos demostrables sobre medicamentos y campañas para políticas de medicamentos basadas en datos demostrables.

Nutt está a la vanguardia de la investigación del uso de psicodélicos en la práctica clínica.

Elizabeth Peel es una psicóloga social de la Universidad de Loughborough, Reino Unido, con particular interés en las sexualidades (no heterosexuales) y la comunicación sanitaria relacionada con pacientes con demencia. Es coeditora de la serie de libros «Gender and Sexualities in Psychology» y defensora de los métodos de investigación cualitativa en psicología.

Steven Pinker (n. 1954) es autor de libros tanto divulgativos como académicos sobre psicología, con un énfasis especial en el lenguaje: cómo lo aprendemos, cómo lo pensamos y qué significa usarlo (en su opinión, somos animales inherentemente lingüísticos, con una habilidad para comunicarnos en constante evolución).

Allan Schore (n. 1943) es un neuropsicólogo y psicoterapeuta en ejercicio estadounidense. Su trabajo integra la teoría del apego con la neurociencia y explora las conexiones entre, por ejemplo, el trauma del apego temprano y el desarrollo cerebral, y las implicaciones de ambos elementos en la capacidad de regular las emociones.

Martin Seligman (n. 1942) es autor de numerosos libros sobre psicología positiva, así como de *Character Strengths and Virtues* (2004), una especie de equivalente del *DSM* que enumera seis virtudes transhistóricas clave. Su concepto de «indefensión aprendida» ha sido muy influyente en la psicología clínica.

Mark Solms (n. 1961) es una figura destacada del neuropsicoanálisis. Estudia las conexiones entre nuestro conocimiento del cerebro y nuestras experiencias de conducta y cognición. Su libro de 1997 sobre la neuropsicología de los sueños se considera un hito en la materia, y uno de sus trabajos más conocidos es *The Brain and the Inner World* (2002).

Mark Williams (n. 1952) fue el director fundador del Mindfulness Centre de Oxford y es coautor de *Mindfulness: Guía práctica para encontrar la paz en un mundo frenético* (2013), cuyo objetivo es acercar la teoría de la terapia cognitiva basada en la atención plena a una audiencia más amplia. Este planteamiento terapéutico fue codesarrollado por Williams en el transcurso de su trabajo sobre la depresión y la prevención del suicidio.

Richard Wiseman (n. 1966) ha publicado más de 100 artículos académicos en los que analiza la psicología de la magia, la ilusión, el engaño, la suerte y el autodesarrollo. Él mismo es un exmago y tiene un interés especial en la psicología del rendimiento y también en la participación pública.

índice analítico

Título original: *What's the difference? Psychology*

© 2025 Librero b.v. (edición española)
www.librero.nl

Primera edición en 2025 a cargo de Ivy Press,
un sello editorial de The Quarto Group.

Diseño e ilustraciones Copyright © 2025 Quarto
Texto Copyright © 2025 Fiona Starr

Diseño: Intercity
Edición: Faye Robson
Producción: Rohana Yusof
Edición de la serie: Jane Wilsher

Nos gustaría extender nuestro agradecimiento a Guntaas Kaur Chugh
por brindar una lectura inclusiva del libro.

Producción de la edición española:
Traducción: Marta García Madera
para Delivering iBooks & Design
Redacción y maquetación:
Delivering iBooks & Design, Barcelona

Distribución exclusiva de la edición española:
Librero IBP S. L.
C/ Paseo de los Olmos, n.º 20
Planta 1.ª, Oficina 7
28005 Madrid, España
www.librero-ibp.es

Impreso en China
ISBN: 978-94-6499-021-8

MIXTO
Papel | Apoyando la
silvicultura responsable
FSC® C016973